Test Vagnon
Permis plaisance
Option eaux intérieures

Conforme à la réglementation en vigueur

18e édition

Sous la direction d'André Néméta

www.vagnon.fr

Crédit photographique : © Vagnon © Fotolia.com © Shutterstock.com

Illustrations : © Vagnon

Extraits de la carte marine d'examen n° 9999 reproduits avec l'aimable autorisation du Service hydrographique et océanographique de la marine (SHOM).

ISBN N° 978-2-85725-867-4
Code MDS : VA10133
N° de commande : V2013/017

Achevé d'imprimer en juin 2013
Dépot légal : juin 2013

SOMMAIRE

AVANT-PROPOS

Avec le *Code Vagnon permis plaisance option eaux intérieures*, vous avez appris tout ce qu'il faut savoir pour passer l'examen du permis. Vérifiez maintenant vos connaissances !

Vous trouverez dans la première partie des QCM classés par thèmes. Vous pouvez ainsi choisir l'entraînement en fonction de vos besoins. Certaines questions peuvent vous sembler redondantes, sachez qu'elles peuvent vous être posées sous toutes ces formes à l'examen officiel.

La seconde partie est consacrée à la préparation de l'examen. Elle comporte 5 examens blancs similaires à ceux de l'épreuve officielle.

PARTIE 1 : QCM CLASSÉS PAR THÈMES

QCM 1 - VOCABULAIRE, DEVOIR DE VIGILANCE

1 Le terme « chômage » désigne une période d'entretien ou de réparation des ouvrages ou de la voie d'eau.

❍ **A** Non ❍ **B** Oui

2 Un atterrissement désigne :

❍ **A** l'arrivée d'un bateau au port
❍ **B** le tirage à terre d'un bateau
❍ **C** un dépôt de matériaux apporté par le courant

3 Le mouillage signifie :

❍ **A** la profondeur d'eau en un lieu
❍ **B** le tirant d'air
❍ **C** le tirant d'eau d'un bateau

4 Le sassement signifie :

- ❍ **A** le passage d'un bateau dans une écluse
- ❍ **B** le croisement d'un autre bateau
- ❍ **C** le stationnement avant l'éclusage
- ❍ **D** l'évitage d'un bateau autour de son ancre

5 Un bajoyer est :

- ❍ **A** un mur latéral d'une écluse
- ❍ **B** un quai de transit
- ❍ **C** un quai de stationnement

6 Un bief est une section comprise entre :

- ❍ **A** 2 ports ❍ **B** 2 confluents ❍ **C** 2 écluses

7 Sur un canal, l'arrêt de la navigation pour entretien s'appelle :

- ❍ **A** barrage ❍ **B** chômage ❍ **C** défense

8 Que matérialise cette flèche rouge ?

- ❍ **A** Le tirant d'eau du bateau
- ❍ **B** Le mouillage
- ❍ **C** La hauteur libre sous la coque

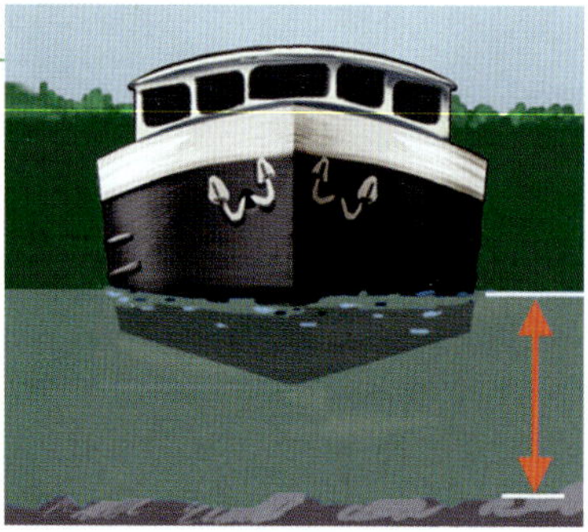

9 Que matérialise cette flèche rouge ?

- ❍ **A** Le pied de pilote
- ❍ **B** Le mouillage disponible en ce lieu
- ❍ **C** Le tirant d'eau du bateau

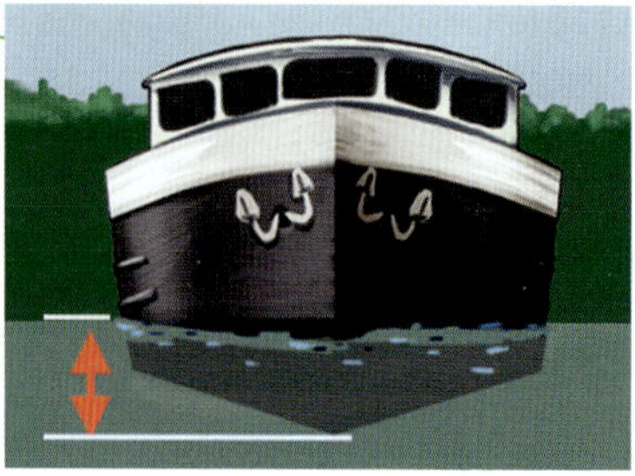

10 Le trait vertical rouge représente :

- ❍ **A** le tirant d'air
- ❍ **B** le tirant d'eau
- ❍ **C** la profondeur sous la coque
- ❍ **D** le mouillage en ce lieu

11 L'étiage, c'est :

- ❍ **A** le niveau des plus basses eaux
- ❍ **B** le niveau des plus hautes eaux
- ❍ **C** le niveau moyen des eaux

12 Naviguer sur son erre c'est :

- ❍ **A** utiliser une aire de virage
- ❍ **B** naviguer sur sa lancée
- ❍ **C** naviguer au gré du courant

QCM 2 - BALISAGE DES VOIES ET PLANS D'EAU

1 Cette marque indique :

❍ **A** la présence de plongeurs subaquatiques
❍ **B** une limite de profondeur
❍ **C** un croisement de voies affluentes
❍ **D** la bouée d'un chenal

2 Cette marque se trouve :

❍ **A** du côté de la rive gauche
❍ **B** du côté de la rive droite
❍ **C** devant une bifurcation
❍ **D** au passage d'un bac

3 Cette marque indique :

❍ **A** une limite de profondeur
❍ **B** la bouée d'un chenal
❍ **C** la présence de plongeurs à proximité
❍ **D** un croisement de voies affluentes

4 Cette marque se trouve :

❍ **A** du côté de la rive gauche
❍ **B** du côté de la rive droite
❍ **C** devant une bifurcation
❍ **D** devant une écluse

5 Cette marque se trouve :

❍ **A** du côté de la rive gauche
❍ **B** du côté de la rive droite
❍ **C** devant une bifurcation
❍ **D** sous un pont

6 Une série de bouées jaunes rapprochées indique :

❍ **A** une zone réservée à la baignade
❍ **B** la rive gauche
❍ **C** la rive droite
❍ **D** une bifurcation

7 Une série de bouées jaunes rapprochées indique :

❍ **A** une limite du chenal d'arrivée au port
❍ **B** un croisement de voies affluentes
❍ **C** une zone réservée à la baignade
❍ **D** une limite de profondeur

8 Ce panneau signifie :

❍ **A** obligation d'utiliser un signal sonore
❍ **B** interdiction de passer
❍ **C** obligation de s'arrêter sous certaines conditions
❍ **D** interdiction de dépasser

9 Ce pavillon fixe signifie :

❍ **A** bateau incapable de manœuvrer
❍ **B** interdiction de passer
❍ **C** indication de bateaux sortants
❍ **D** autorisation de passer

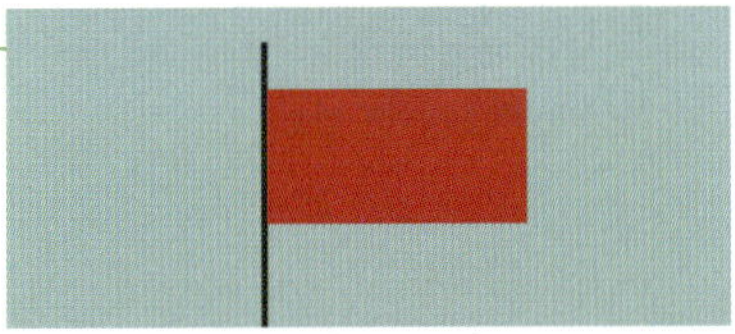

10 Ces pavillons fixes signifient :

- ❍ **A** interdiction de dépasser
- ❍ **B** interdiction de passer
- ❍ **C** interdit de dépasser aux convois
- ❍ **D** observer une vigilance accrue

11 Ce panneau signifie :

- ❍ **A** interdiction de faire des remous
- ❍ **B** interdiction de croiser et de dépasser
- ❍ **C** interdiction de naviguer au moteur

12 Ce panneau signifie :

- ❍ **A** interdiction de virer
- ❍ **B** interdiction de dépasser
- ❍ **C** interdiction de croiser et dépasser
- ❍ **D** interdiction de passer

13 Ce panneau signifie :

- ❍ **A** interdiction de tout dépassement
- ❍ **B** recommandation de se diriger dans le sens indiqué
- ❍ **C** interdiction de virer
- ❍ **D** interdiction aux convois de dépasser

14 Ce panneau signifie :

- ❍ **A** interdiction de tout dépassement
- ❍ **B** interdiction de stationnement latéral
- ❍ **C** interdiction de croiser et de dépasser
- ❍ **D** interdiction de virer

15 Ce panneau signifie :

- ❍ **A** que la profondeur d'eau est limitée
- ❍ **B** interdiction de s'amarrer
- ❍ **C** autorisation de stationner
- ❍ **D** interdiction de stationner

16 Ce panneau signifie :

- ❍ **A** interdiction d'ancrer
- ❍ **B** interdiction de stationner
- ❍ **C** interdit de créer des remous
- ❍ **D** interdiction de s'amarrer

17 Ce panneau signifie :

- ❍ **A** interdiction de créer des remous
- ❍ **B** interdiction de stationner
- ❍ **C** interdiction de virer
- ❍ **D** interdiction de croiser et de dépasser

18 Ce panneau signifie :

- ❍ **A** interdiction de créer des remous
- ❍ **B** interdiction de croiser et de dépasser
- ❍ **C** interdiction de virer
- ❍ **D** profondeur limitée

19 Ces panneaux signifient :

- ❍ **A** passe recommandée dans les 2 sens
- ❍ **B** interdiction de passer en dehors de l'espace indiqué
- ❍ **C** recommandation de se tenir dans l'espace indiqué

20 Ce panneau signifie :

- ❍ **A** obligation de croiser le chenal vers bâbord
- ❍ **B** obligation de se diriger vers le côté du chenal se trouvant à bâbord
- ❍ **C** interdiction de virer

21 Ce panneau signifie :

- ❍ **A** obligation de croiser le chenal vers tribord
- ❍ **B** obligation de tenir le chenal à bâbord
- ❍ **C** obligation de se diriger vers le côté du chenal se trouvant à tribord

22 Ce panneau signifie :

- ❍ **A** obligation de s'arrêter
- ❍ **B** interdiction de virer
- ❍ **C** interdiction de croiser et de dépasser
- ❍ **D** obligation de tenir le chenal sur bâbord

23 Ce panneau signifie :

- ❍ **A** recommandation de se tenir dans l'espace indiqué
- ❍ **B** obligation de tenir le chenal sur tribord
- ❍ **C** obligation de se diriger vers bâbord
- ❍ **D** interdiction de croiser et de dépasser

24 Ce panneau signifie :

- ❍ **A** obligation de se diriger vers bâbord
- ❍ **B** obligation de croiser le chenal vers bâbord
- ❍ **C** interdiction de virer
- ❍ **D** recommandation de suivre le sens de la flèche

25 Ce panneau signifie :

- ❍ **A** obligation de s'arrêter sous certaines conditions
- ❍ **B** recommandation de se tenir dans l'espace indiqué
- ❍ **C** obligation d'une vigilance accrue
- ❍ **D** obligation de donner un signal sonore

26 Ce panneau signifie :

- ❍ **A** limitation de la hauteur libre
- ❍ **B** vitesse maximum autorisée
- ❍ **C** interdiction de tout dépassement
- ❍ **D** profondeur limitée

27 Ce panneau signifie :

- ❍ **A** obligation d'utiliser un signal sonore
- ❍ **B** obligation de vigilance accrue
- ❍ **C** obligation de s'arrêter sous certaines conditions
- ❍ **D** obligation de tenir le chenal à bâbord

28 Ce panneau signifie :

- ❍ **A** largeur de passe limitée
- ❍ **B** hauteur libre limitée
- ❍ **C** profondeur limitée
- ❍ **D** obligation de suivre le sens de la flèche

29 Ce panneau signifie :

- ❍ **A** interdiction aux convois de dépasser
- ❍ **B** obligation de prendre la direction de la flèche
- ❍ **C** profondeur limitée
- ❍ **D** hauteur libre limitée

30 Ce panneau signifie :
- ❍ **A** largeur de passe limitée
- ❍ **B** recommandation de se tenir dans l'espace indiqué
- ❍ **C** autorisation de passer
- ❍ **D** interdiction de tout dépassement

31 Ce panneau signifie :
- ❍ **A** interdiction d'entrer dans un port
- ❍ **B** obligation de donner un signal sonore
- ❍ **C** interdiction sauf aux menues embarcations
- ❍ **D** restrictions imposées à la navigation

32 Ce panneau signifie :
- ❍ **A** interdiction de dépasser la vitesse indiquée
- ❍ **B** le chenal est éloigné de la rive de 50 m
- ❍ **C** à 50 m, interdit d'entrer dans le port
- ❍ **D** à 50 m, la largeur de la passe est limitée

33 Ce panneau signifie :
- ❍ **A** passe recommandée dans les 2 sens
- ❍ **B** autorisation de stationner
- ❍ **C** passe recommandée dans un seul sens

34 Ces panneaux signifient :
- ❍ **A** passe recommandée dans un seul sens
- ❍ **B** passe recommandée dans les 2 sens
- ❍ **C** interdiction de passer hors de l'espace indiqué

35 Ces panneaux signifient :

- ❍ **A** recommandation de se tenir dans l'espace indiqué
- ❍ **B** interdiction de passer en dehors de l'espace indiqué
- ❍ **C** la largueur de la passe est limitée

36 Ce panneau signifie :

- ❍ **A** largeur du chenal limitée
- ❍ **B** autorisation de passer
- ❍ **C** fin d'interdiction
- ❍ **D** interdit de croiser et de dépasser

37 Ce panneau signifie :

- ❍ **A** interdiction de tout dépassement
- ❍ **B** autorisation de passer
- ❍ **C** fin d'une interdiction

38 Ce panneau signifie :

- ❍ **A** parcours de ski nautique
- ❍ **B** interdiction d'accès à bord
- ❍ **C** croisement d'un câble électrique

39 Ce panneau signifie :

- ❍ **A** autorisation d'ancrer
- ❍ **B** autorisation de stationner
- ❍ **C** autorisation de s'amarrer

40 Ce panneau signifie :

- ❍ **A** interdiction de stationner
- ❍ **B** interdiction de s'amarrer
- ❍ **C** autorisation de stationner
- ❍ **D** autorisation d'ancrer

41 Ce panneau signifie :

- ❍ **A** obligation de s'arrêter
- ❍ **B** autorisation de s'amarrer
- ❍ **C** interdit de s'amarrer

42 Ce panneau signifie :

- ❍ **A** passe recommandée dans un seul sens
- ❍ **B** obligation de croiser le chenal vers tribord
- ❍ **C** aire de virage autorisée
- ❍ **D** recommandation de se diriger vers tribord

43 Ce panneau signifie :

- ❍ **A** les voies rencontrées sont affluentes de la voie suivie
- ❍ **B** la largeur de la passe est limitée
- ❍ **C** la fin d'une restriction

44 Ce panneau signifie :

- ❍ **A** l'obligation de donner un signal sonore
- ❍ **B** la voie rencontrée est affluente de la voie suivie
- ❍ **C** la fin d'une restriction
- ❍ **D** l'interdiction d'entrer dans la voie affluente

45 Ce panneau signifie :

- ❍ **A** la voie rencontrée est affluente de la voie suivie
- ❍ **B** l'interdiction d'entrer dans un port
- ❍ **C** une aire de virage

46 Ce panneau signifie :

- ❍ **A** bac ne naviguant pas librement
- ❍ **B** fin d'une interdiction ou d'une restriction
- ❍ **C** profondeur limitée

47 À la vue de ce panneau :

- ❍ **A** je suis attentif
- ❍ **B** je dois émettre un signal sonore
- ❍ **C** je peux rencontrer des skieurs nautiques

48 À la vue de ce panneau :

- ❍ **A** j'observe une vigilance particulière
- ❍ **B** j'émets un signal sonore
- ❍ **C** je m'arrête

49 Ce panneau signifie :

- ❍ **A** recommandation de suivre le sens de la flèche
- ❍ **B** indication d'une aire de virage
- ❍ **C** obligation de tenir le chenal à bâbord
- ❍ **D** obligation de suivre le sens de la flèche

50 Ce panneau signifie :

- ❍ **A** annonce d'un bac ne naviguant pas librement
- ❍ **B** profondeur limitée
- ❍ **C** fin d'interdiction

51 Ce panneau signifie :

- ❍ **A** interdiction de stationner
- ❍ **B** autorisation d'ancrer
- ❍ **C** interdiction d'ancrer
- ❍ **D** limite d'autorisation de stationnement

52 Ce panneau signifie :

- ❍ **A** autorisation de stationner sur 1 000 mètres
- ❍ **B** largeur du chenal limitée
- ❍ **C** interdiction de stationner sur 1 000 mètres
- ❍ **D** restrictions imposées à la navigation sur 1 000 mètres

53 Cette marque se trouve :

- ❍ **A** du côté de la rive gauche
- ❍ **B** du côté de la rive droite
- ❍ **C** devant une bifurcation
- ❍ **D** devant une zone de baignade

54 Cette marque indique :

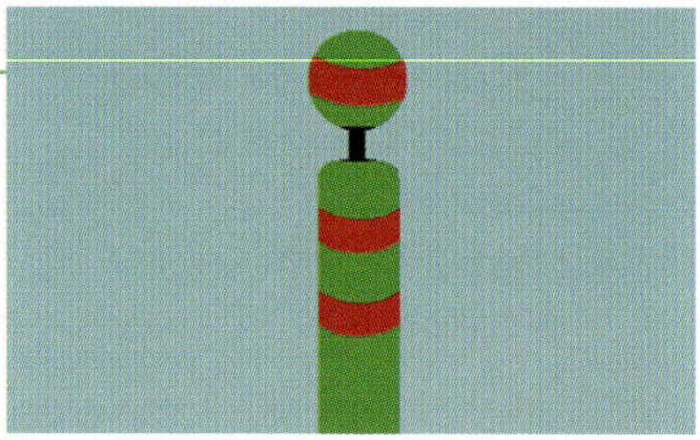

- ❍ **A** le côté de la rive gauche
- ❍ **B** le côté de la rive droite
- ❍ **C** une bifurcation
- ❍ **D** un chenal rétréci

55 Cette marque indique :

- ❍ **A** la rive gauche
- ❍ **B** la rive droite
- ❍ **C** une bifurcation
- ❍ **D** une aire de virage

56 À la vue de ce panneau :

- ❍ **A** je dois tenir la gauche du chenal
- ❍ **B** je dois tenir la droite du chenal
- ❍ **C** je dois faire demi-tour

57 Ce panneau signifie :

- ❍ **A** interdiction de créer des remous
- ❍ **B** parcours de ski nautique
- ❍ **C** zone autorisée aux bateaux à moteur

58 Ce panneau signifie :

- ❍ **A** obligation de tenir le chenal à bâbord
- ❍ **B** autorisation de naviguer à la voile
- ❍ **C** autorisation de stationner

59 Ce panneau indique :

- ❍ **A** qu'il est interdit aux embarcations de sport de stationner
- ❍ **B** qu'il est interdit aux embarcations de sport ou de plaisance de naviguer

60 Ce panneau signifie :

- ❍ **A** interdiction de croiser et de dépasser
- ❍ **B** interdiction aux bâtiments motorisés
- ❍ **C** interdiction de créer des remous

61 Ce panneau signifie :

- ❍ **A** interdiction de virer
- ❍ **B** autorisé aux bateaux à voile
- ❍ **C** interdiction aux bateaux à voile

62 Ce panneau signifie :

- ❍ **A** interdiction de la pratique du ski nautique
- ❍ **B** interdiction de tout dépassement
- ❍ **C** parcours de ski nautique

63 Étant avalant, vous voyez cette marque.

- ❍ **A** Elle indique la rive droite
- ❍ **B** Elle indique la rive gauche
- ❍ **C** je la laisse à tribord
- ❍ **D** je la laisse à bâbord

64 Étant montant, vous voyez cette marque.

- ❍ **A** Elle indique la rive droite
- ❍ **B** Elle indique la rive gauche
- ❍ **C** Je la laisse à tribord
- ❍ **D** Je la laisse à bâbord

65 Étant avalant, vous voyez cette marque :

- ❍ **A** Elle indique la rive droite
- ❍ **B** Elle indique la rive gauche
- ❍ **C** Je la laisse à bâbord
- ❍ **D** Je la laisse à tribord

66 Étant montant, vous voyez cette marque :

- ❍ **A** Elle indique la rive droite
- ❍ **B** Elle indique la rive gauche
- ❍ **C** Je la laisse à bâbord
- ❍ **D** Je la laisse à tribord

67 A l'approche de ce panneau :

❍ **A** je m'arrête
❍ **B** je vire
❍ **C** je tiens la gauche du chenal

68 Que signifie cette balise ?

❍ **A** La hauteur libre au-dessus du plan d'eau est limitée
❍ **B** Tête d'épi rive droite
❍ **C** Tête d'épi rive gauche
❍ **D** Médian

69 Que signifie cette balise ?

❍ **A** Tête d'épi rive gauche
❍ **B** Tête d'épi rive droite
❍ **C** Croisement
❍ **D** Banc médian

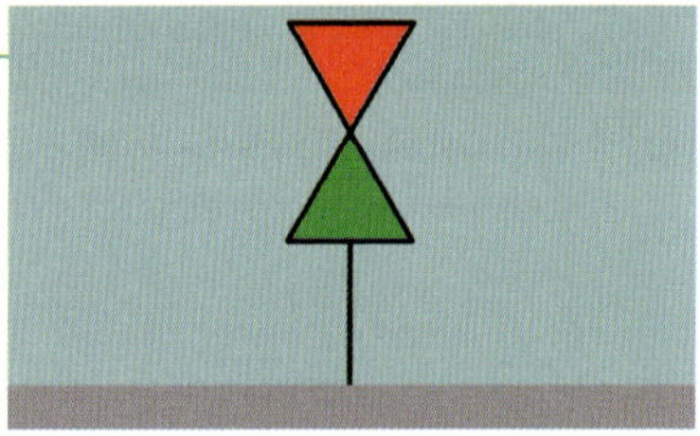

70 Que signifie cette balise ?

❍ **A** Tête d'épi rive gauche
❍ **B** Banc médian
❍ **C** Tête d'épi rive droite

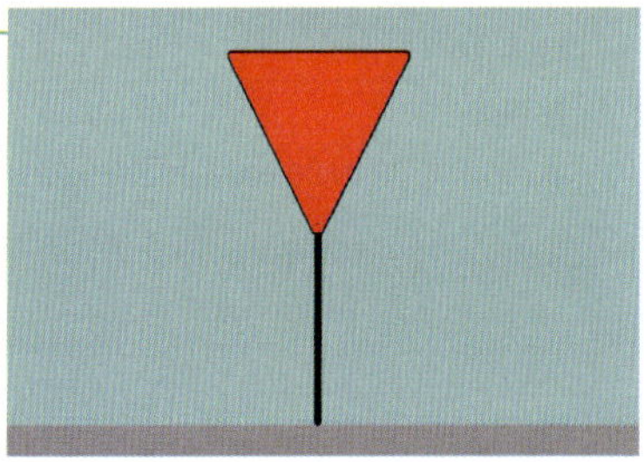

71 Cette marque me signale :

❍ **A** la limite d'un chenal traversier
❍ **B** une interdiction de passer
❍ **C** une ancre dangereuse pour la navigation

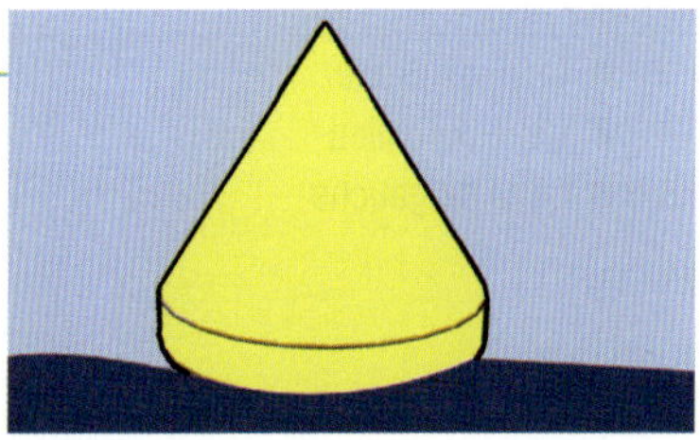

72 **À bord de votre bateau de plaisance, vous voyez ce signal. Vous pouvez :**

- ❍ **A** dépasser un bateau isolé
- ❍ **B** dépasser un convoi
- ❍ **C** ni l'un, ni l'autre

73 **Ce bateau de plaisance est-il ?**

- ❍ **A** Avalant
- ❍ **B** Montant

74 **Face à ce panneau :**

- ❍ **A** vous respectez la vitesse de 20 noeuds
- ❍ **B** vous respectez la vitesse de 20 km/h
- ❍ **C** vous vous écartez de 20 mètres de la rive

75 **Pouvez-vous passer sous l'arche de ce pont ?**

- ❍ **A** Non
- ❍ **B** Oui, car le trafic est à double sens

76 **Lequel de ces panneaux indique la hauteur libre ?**

- ❍ **A** Celui de droite
- ❍ **B** Celui du milieu
- ❍ **C** Celui de gauche

QCM 3 - SIGNALISATION VISUELLE ET FEUX

1 La signalisation indique :

- ❍ **A** profondeur d'eau limitée
- ❍ **B** préparez-vous à vous mettre en marche
- ❍ **C** interdiction de passer

2 Ce feu indique :

- ❍ **A** une interdiction de stationnement latéral
- ❍ **B** une interdiction d'entrer dans un port
- ❍ **C** une interdiction de passer

3 Cette signalisation indique :

- ❍ **A** interdiction de passer mais préparez-vous à vous mettre en marche
- ❍ **B** interdiction de passer
- ❍ **C** interdiction de créer des remous

4 Ces deux feux indiquent :

- ❍ **A** préparez-vous à vous mettre en marche
- ❍ **B** interdiction de passer
- ❍ **C** interdiction de stationner du côté des feux
- ❍ **D** interdiction de créer des remous

5 Voyant ces feux, je me dirige :

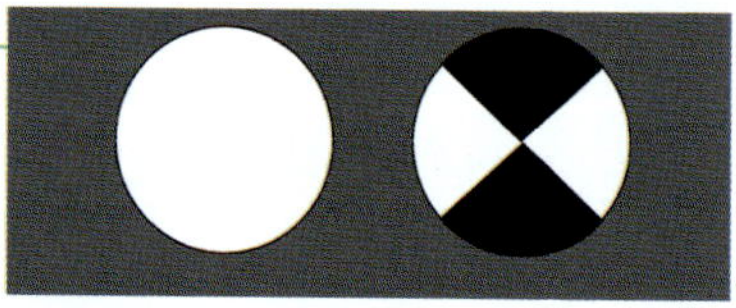

- ❍ **A** vers la droite, du feu fixe vers le feu rythmé
- ❍ **B** vers la gauche, du feu rythmé vers le feu fixe

6 Ces feux indiquent :

- ❍ **A** autorisation de passer
- ❍ **B** autorisation de stationner
- ❍ **C** interdit de croiser et de dépasser
- ❍ **D** interdit de passer mais préparez-vous à vous mettre en marche

7 Ce feu rythmé indique :

- ❍ **A** préparez-vous à vous mettre en marche
- ❍ **B** la hauteur libre est limitée
- ❍ **C** bateaux sortants, entrée interdite

8 Ces deux feux rythmés indiquent :

- ❍ **A** la hauteur libre est limitée
- ❍ **B** interdiction de passer
- ❍ **C** indication de bateaux sortants

9 Face à ces deux feux jaunes fixes, de nuit, sous un pont :

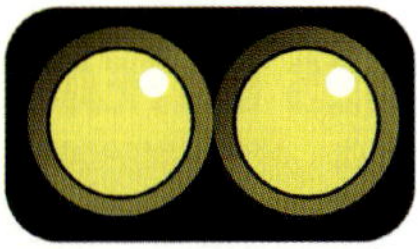

- ❍ **A** je peux passer
- ❍ **B** je ne passe pas, c'est interdit
- ❍ **C** je peux rencontrer des bateaux en sens inverse

10 À l'entrée d'un port, face à vous, vous observez deux feux jaunes scintillants :

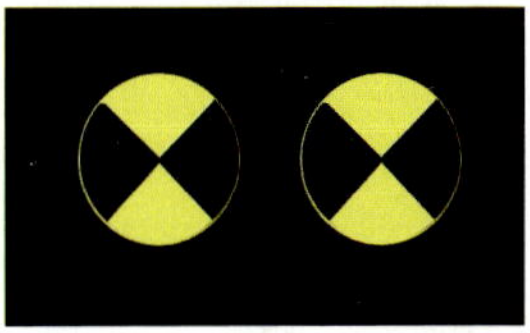

- ❍ **A** vous ne pouvez pas entrer car ce port est fermé
- ❍ **B** vous pouvez entrer car la circulation est dans un seul sens
- ❍ **C** vous pouvez entrer prudemment et rencontrer des bateaux sortants

QCM 4 - SIGNALISATION VISUELLE, SONORE ET FEUX DES BATEAUX

1 Que signifie ce pavillon fixe ?

❍ **A** Présence de plongeurs
❍ **B** Bateau de pêche avec filets
❍ **C** Engin flottant au travail

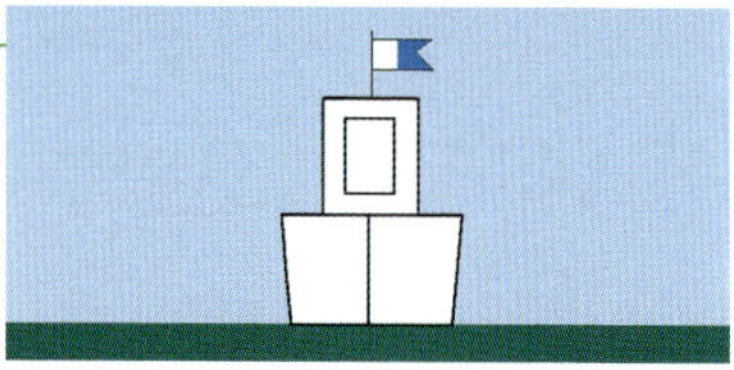

2 Que signifie cette flamme ?

❍ **A** Bateau des services d'incendie
❍ **B** Bateau prioritaire aux écluses
❍ **C** Bateau non maître de sa manœuvre

3 Que signifie ce feu bleu scintillant ?

❍ **A** bateau des autorités de contrôle
❍ **B** bateau de plongeurs
❍ **C** bateau en tête d'un convoi

4 En suivant un bâtiment portant cette signalisation, que faites-vous ?

- ❍ **A** Je maintiens une distance de 50 mètres
- ❍ **B** Je maintiens une distance de 10 mètres
- ❍ **C** Je lui porte secours

5 Quelle est la signification de cette bouée jaune :

- ❍ **A** interdiction d'accès à bord
- ❍ **B** bac stationnant au débarcadère
- ❍ **C** ancrage dangereux pour la navigation

6 Que signifie cette signalisation sur ce bateau de commerce ?

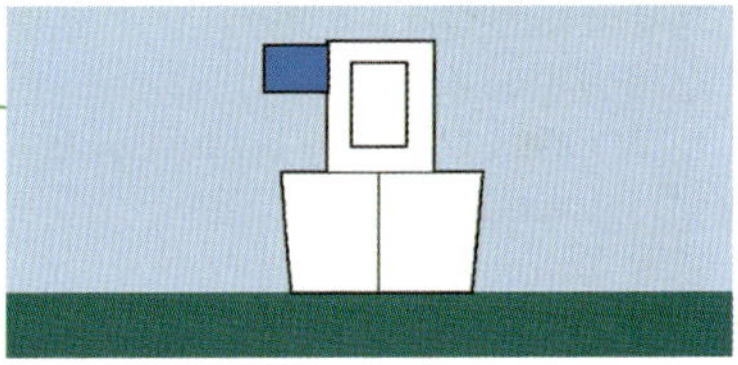

- ❍ **A** Bac propulsé par un moteur
- ❍ **B** Convoi remorqué
- ❍ **C** Demande de croisement tribord sur tribord

7 De quoi s'agit-il ?

- ❍ **A** D'un bateau incapable de manœuvrer
- ❍ **B** D'un bateau de pêche avec filets
- ❍ **C** D'un bateau à protéger des remous

8 De quoi s'agit-il ?

- ❍ **A** D'un bateau au travail à protéger des remous
- ❍ **B** D'un bateau non motorisé en stationnement
- ❍ **C** D'un bateau de plus de 110 m faisant route

9 Que signifie ce feu fixe bleu ?

- ❍ **A** Bateau transportant des matières dangereuses
- ❍ **B** Bateau de plaisance de moins de 25 m de longueur
- ❍ **C** Bateau de plongeurs

10 Que signifient ces deux feux ?

- ❍ **A** Interdiction de stationner à couple
- ❍ **B** Bac stationnant au débarcadère
- ❍ **C** Bateau de servitude

11 Que signifient ces feux ?

- ❍ **A** Bateau au travail
- ❍ **B** Bateau effectuant des transports volumineux
- ❍ **C** Bateau de moins de 110 m de longueur

12 Que signifient ces deux feux blancs superposés ?

- ❍ **A** Bateau de plongeurs
- ❍ **B** Bateau échoué
- ❍ **C** Ancre dangereuse pour la navigation
- ❍ **D** Matériel flottant à protéger des remous

13 La nuit, que doit montrer un bateau de plaisance en stationnement ?

- ❍ **A** 3 feux verts
- ❍ **B** 3 feux rouges
- ❍ **C** 1 feu blanc du côté du chenal
- ❍ **D** Rien, s'il est dans une zone éclairée

14 De nuit, en cours de route, vous apercevez 3 feux blancs horizontaux.

- ❍ A Vous croisez un bac
- ❍ B Vous croisez un convoi poussé
- ❍ C Vous suivez un convoi poussé

15 De nuit, en cours de route, vous apercevez 3 feux blancs en triangle, en plus des feux de route.

- ❍ A Vous suivez un convoi poussé
- ❍ B Vous allez croiser un convoi poussé
- ❍ C Vous allez croiser un bac

16 Quelle est la signification de ces 3 feux ?

- ❍ A Bateau transportant des matières explosives
- ❍ B Bateau à passagers

17 Un son bref indique :

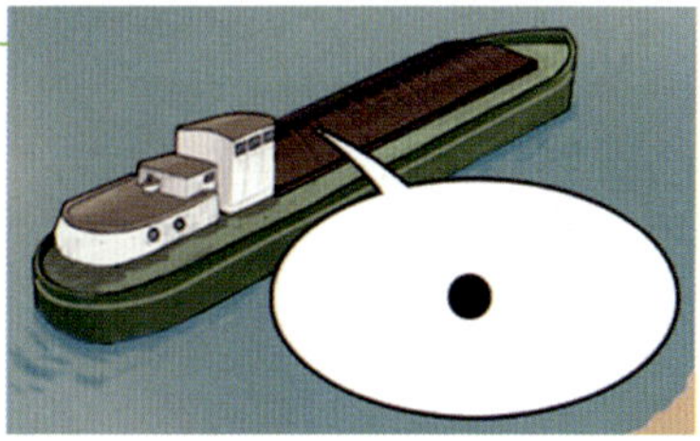

- ❍ A Je vais virer sur bâbord
- ❍ B Je viens sur tribord
- ❍ C Je veux dépasser sur tribord

18 Deux sons brefs indiquent :

- ❍ A Je viens sur tribord
- ❍ B Je veux dépasser sur tribord
- ❍ C Je viens sur bâbord

19 Trois sons brefs indiquent:

- ❍ **A** Je bats en arrière
- ❍ **B** Il faut attendre pour me dépasser
- ❍ **C** Je vais virer sur bâbord

20 Cinq sons brefs indiquent:

- ❍ **A** risque imminent d'abordage
- ❍ **B** je veux dépasser sur tribord
- ❍ **C** dépassement impossible

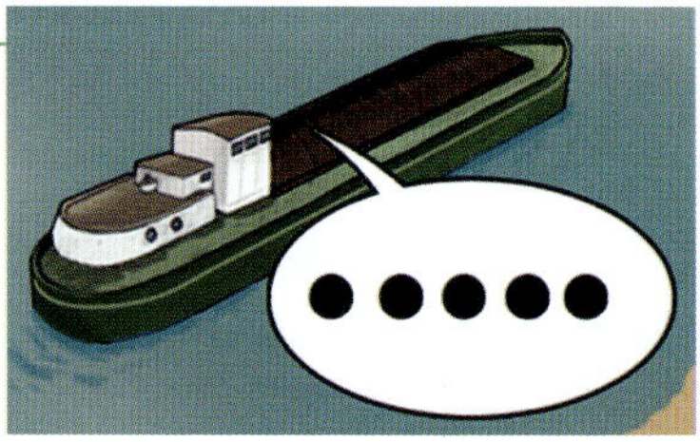

21 Une série de sons très brefs indique:

- ❍ **A** je vais virer sur bâbord
- ❍ **B** risque imminent d'abordage
- ❍ **C** je veux dépasser sur tribord

22 Que signifient des sons prolongés répétés ?

- ❍ **A** Signal de détresse
- ❍ **B** Risque imminent d'abordage
- ❍ **C** Je vais virer sur bâbord

23 Un bateau émet un son prolongé. Qu'indique-t-il ?

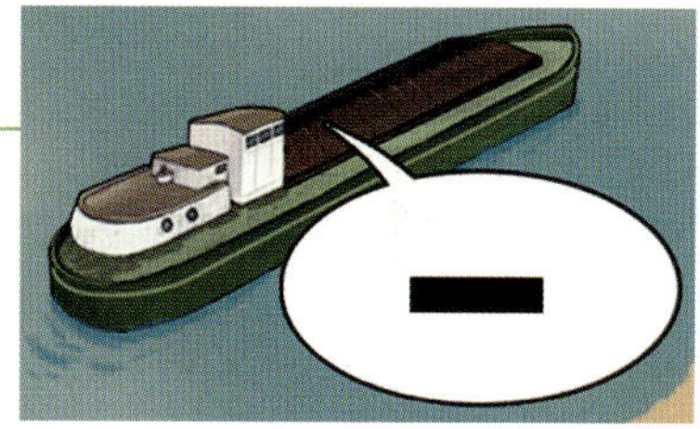

- ❍ **A** Je viens à droite
- ❍ **B** Je viens à gauche
- ❍ **C** Attention !

24 Vous apercevez un bateau sur lequel un membre de l'équipage balance un drapeau rouge en demi-cercle. Qu'indique-t-il ?

- ❍ **A** bateau incapable de manœuvrer
- ❍ **B** interdiction de dépasser
- ❍ **C** bateau transportant des matières dangereuses
- ❍ **D** bateau échoué

25 Que signifie cette boule verte en mature ?

- ❍ **A** Bateau en stationnement effectuant des travaux
- ❍ **B** Bateau remorqué faisant route
- ❍ **C** Bac
- ❍ **D** Bateau remorqué en milieu de convoi

26 Sur un bateau, j'observe ce pavillon bleu et blanc :

- ❍ **A** c'est un bateau transportant des matières inflammables
- ❍ **B** c'est un bateau de plongeurs subaquatiques
- ❍ **C** je le croise sur son tribord
- ❍ **D** je passe au moins à 50 mètres

27 Face à ce bateau stationné au milieu du chenal :

- ❍ **A** je passe indifféremment à droite ou à gauche
- ❍ **B** je passe à gauche, sans faire de remous
- ❍ **C** je passe à droite

28 Ce bateau est :

- ❍ **A** un bateau transportant des matières inflammables
- ❍ **B** un bateau transportant de l'ammoniac
- ❍ **C** un bateau de plus de 110 mètres

29 Je croise ce bateau :

- ❍ **A** il transporte des matières inflammables
- ❍ **B** il transporte des matières explosives
- ❍ **C** il faut que je m'arrête
- ❍ **D** je dois passer au moins à 50 m

30 Un bateau motorisé en stationnement montre ce panneau du côté du chenal :

- ❍ **A** il faut passer à plus de 50 m du bateau
- ❍ **B** il présente une ancre dangereuse pour la navigation
- ❍ **C** il faut réduire la vitesse pour éviter les remous

31 Je dois croiser ce bateau :

- ❍ **A** en venant sur bâbord
- ❍ **B** indifféremment sur tribord ou bâbord
- ❍ **C** en venant sur tribord

32 Je dois allumer les feux de mon bateau :

❍ **A** par temps de brouillard
❍ **B** en permanence
❍ **C** à la tombée du jour

33 Un bâtiment émet 4 sons brefs.

❍ **A** Il attire votre attention
❍ **B** Il bat en arrière
❍ **C** Il est en détresse
❍ **D** Il n'est pas manœuvrant

34 Ce cône rouge sur un bâtiment signale un transport :

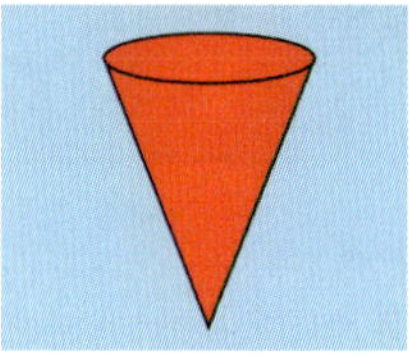

❍ **A** d'ammoniac
❍ **B** de matières inflammables
❍ **C** de passagers
❍ **D** de matières explosives

35 En face de vous, un bateau montant émet un son bref, si vous souhaitez accuser réception de ce signal, quel son devez-vous émettre ?

❍ **A** un son bref
❍ **B** un son long
❍ **C** deux sons brefs

36 À bord d'un bateau, un équipier vous fait signe en agitant, en cercles, un pavillon rouge.

❍ **A** Il vous demande de ralentir
❍ **B** Il a besoin de secours
❍ **C** Il signale qu'il rejoint son embarcadère

QCM 5 - RÈGLES DE ROUTE ET STATIONNEMENT

1 Sur les lacs et grands plans d'eau, les règles de barre et de route sont les mêmes qu'en mer.

- ❍ **A** Oui
- ❍ **B** Non

2 Les montants doivent céder le passage aux avalants.

- ❍ **A** Oui
- ❍ **B** Non

3 Que veut dire trémater ?

- ❍ **A** Faire demi-tour
- ❍ **B** Dépasser un autre bateau
- ❍ **C** Baisser le mât

4 **Sur les eaux intérieures, je peux piloter à grande vitesse un véhicule nautique à moteur (scooter de mer, moto de mer) :**

❍ **A** partout, hors des villes
❍ **B** sur les lacs uniquement
❍ **C** dans les zones réglementées prévues à cet effet

5 **Sur un bateau rattrapant, je peux dépasser à bâbord ou à tribord du rattrapé.**

❍ **A** Oui ❍ **B** Non

6 **Au vu de cette signalisation.**

❍ **A** Je passe avec prudence
❍ **B** Je ne passe pas car l'accès est interdit

7 **Sur les eaux intérieures, je peux faire du ski nautique :**

❍ **A** sur l'ensemble du réseau, à l'extérieur des villes
❍ **B** sur les plans d'eau fermés uniquement
❍ **C** dans les zones réglementées prévues à cet effet

8 **Près d'un bateau montrant cette signalisation, il est interdit de stationner :**

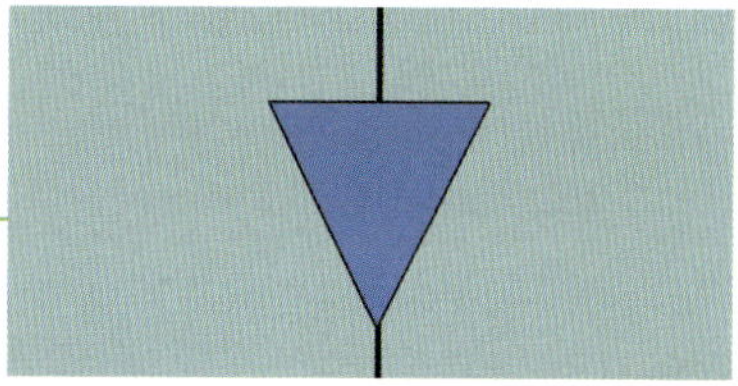

❍ **A** à moins de 5 mètres
❍ **B** à moins de 10 mètres

9 **La navigation de nuit est-elle autorisée ?**

❍ **A** Non ❍ **B** Oui

10 **Sur une rivière, une embarcation à rames a-t-elle priorité sur une embarcation à moteur ?**

❍ **A** Non ❍ **B** Oui

11 **Lorsque ces 2 bateaux à moteur vont se croiser :**

- ❍ **A** chacun doit venir sur tribord
- ❍ **B** chacun doit venir sur bâbord
- ❍ **C** seul le plus gros doit venir sur tribord
- ❍ **D** seul le plus gros doit venir sur bâbord

12 **Sur un lac, entre ces deux bateaux de plaisance à moteur :**

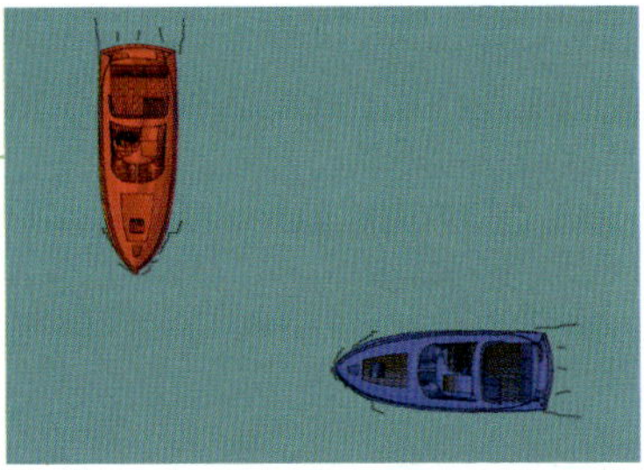

- ❍ **A** c'est le bateau rouge qui doit manœuvrer
- ❍ **B** c'est le bateau bleu qui doit manœuvrer

13 **L'utilisation du VNM (Véhicule nautique à Moteur) est autorisée la nuit :**

- ❍ **A** vrai
- ❍ **B** faux

14 **Face à ce pont, je ne rencontrerai pas de navigation en sens inverse si je passe :**

- ❍ **A** sous l'arche du milieu
- ❍ **B** sous l'arche de droite
- ❍ **C** sous l'arche de gauche

15 **Sur un lac :**

- ❍ **A** le VNM a priorité de passage sur la planche à voile
- ❍ **B** le VNM doit s'écarter d'une planche à voile

QCM 6 - FONCTIONNEMENT DES ÉCLUSES ET DES BARRAGES

1 Les feux suivants indiquent :

- ❍ **A** bac ne naviguant pas librement
- ❍ **B** préparez-vous à vous mettre en marche
- ❍ **C** passage à double sens

2 Dans les écluses, au cours de vidange et remplissage, les bateaux doivent être amarrés.

- ❍ **A** Oui
- ❍ **B** Non

3 Les feux suivants indiquent :

- ❍ **A** préparez-vous à vous mettre en marche
- ❍ **B** transport de matières dangereuses
- ❍ **C** passage en sens unique
- ❍ **D** écluse fermée pour chômage

4 Quels sont les principaux dangers à l'amont d'un barrage ?

- ❍ **A** Accélération du courant
- ❍ **B** Difficulté à virer
- ❍ **C** L'approche d'un barrage ne présente aucun danger

5 Dans une écluse, vous devez :

- ❍ **A** mouiller l'ancre
- ❍ **B** signaler à l'éclusier le nombre de passagers
- ❍ **C** vous amarrer et suivre le niveau de l'eau

6 Au passage d'une écluse, il est obligatoire :

- ❍ **A** d'amarrer le bateau et suivre le niveau de l'eau
- ❍ **B** de faire tourner l'hélice
- ❍ **C** de vider les eaux usées

7 Les bateaux de plaisance sont éclusés :

- ❍ **A** dans l'ordre d'arrivée
- ❍ **B** avant les bateaux de commerce
- ❍ **C** après les bateaux de commerce

8 Les bateaux prioritaires dans une écluse sont :

- ❍ **A** les bateaux de commerce
- ❍ **B** les pousseurs et leurs barges
- ❍ **C** les bateaux des autorités
- ❍ **D** les bateaux de plaisance

9 Dans les écluses, les ancres doivent être complètement relevées.

- ❍ **A** Oui
- ❍ **B** Non

10 Le feu suivant signifie :

- ❍ **A** passage autorisé
- ❍ **B** préparez-vous à vous mettre en marche
- ❍ **C** défense de passer

11 Sont en attente d'éclusage une péniche et un bateau de plaisance de 5 mètres. Lequel entre le premier dans le sas ?

- ❍ **A** Le bateau de plaisance
- ❍ **B** La péniche

12 Dans une écluse, je peux stationner :

- ❍ **A** la nuit
- ❍ **B** seulement le temps du sassement
- ❍ **C** sans limite de durée

13 Dans une grande écluse, un bateau de plaisance peut être éclusé en même temps qu'un bâtiment de commerce. Dans ce cas, il pénètre dans le sas :

- ❍ **A** avant le bâtiment de commerce
- ❍ **B** après le bâtiment de commerce

14 A l'approche d'un barrage, il faut :

- ❍ **A** montrer une vigilance accrue
- ❍ **B** débrayer l'hélice
- ❍ **C** laisser traîner une ancre
- ❍ **D** stopper le moteur

15 Ces deux feux rouges indiquent :

- ❍ **A** interdiction de créer des remous
- ❍ **B** interdiction de passer
- ❍ **C** écluse hors service
- ❍ **D** passage autorisé aux bateaux à moteur

16 Ce feu vert indique :

- ❍ **A** passage interdit
- ❍ **B** préparez-vous à vous mettre en marche
- ❍ **C** passage autorisé

17 Ces deux feux verts indiquent :

- ❍ **A** hauteur libre limitée
- ❍ **B** passage autorisé
- ❍ **C** préparez-vous à vous mettre en marche

18 Dans une écluse, pendant le remplissage du sas, il est prudent de s'amarrer:

- ❍ **A** loin des portes amont
- ❍ **B** près des portes amont

19 Que matérialise cette flèche rouge:

- ❍ **A** le tirant d'air du bateau
- ❍ **B** le tirant d'eau du bateau
- ❍ **C** la hauteur libre

20 Sous ce pont, que matérialise cette flèche rouge?

- ❍ **A** Le tirant d'air
- ❍ **B** La hauteur libre
- ❍ **C** Le mouillage

21 Dans une écluse:

- ❍ **A** on peut attendre sans s'amarrer, hélice embrayée
- ❍ **B** on doit amarrer le bateau
- ❍ **C** on peut attendre sans s'amarrer, hélice débrayée
- ❍ **D** on doit mouiller l'ancre

22 À l'entrée de l'écluse, le feu vert vient de s'allumer à côté du feu rouge.

- ❍ **A** Vous n'avez pas le droit d'entrer
- ❍ **B** Vous pouvez entrer à faible vitesse

QCM 7 - CARACTÉRISTIQUES DES VOIES D'EAU

1 Sur une rivière canalisée doit-on prendre des précautions particulières en cas de crue ?

- **A** Oui
- **B** Non, car il n'y a pas de crue sur une rivière canalisée

2 Y a-t-il un risque de crue sur un canal ?

- **A** Oui
- **B** Oui, seulement sur les canaux latéraux
- **C** Non, jamais

3 Dans quel document trouve-t-on les conditions locales de navigation ?

❍ **A** Le code européen des voies de navigation intérieures
❍ **B** Le règlement particulier de police
❍ **C** Le règlement général de police

4 Que signifie ce panneau ?

❍ **A** Obligation de prendre la direction de la flèche
❍ **B** Obligation de donner un signal sonore
❍ **C** Recommandation de suivre la flèche

5 Que signifie ce panneau ?

❍ **A** Obligation d'observer une vigilance particulière
❍ **B** Obligation de donner un signal sonore
❍ **C** Obligation de s'arrêter sous certaines conditions

QCM 8 - VHF

1 Quels types de communications peut-on, en principe, transmettre sur le réseau bateau-bateau ?

- ❍ **A** Communications sur la cargaison
- ❍ **B** Communications commerciales
- ❍ **C** Communications relatives à la sécurité des personnes, à la navigation et à la sécurité des bateaux

2 Pour convenir de la route à suivre vis-à-vis d'un autre bateau, j'utilise le réseau :

- ❍ **A** bateau-bateau
- ❍ **B** informations nautiques
- ❍ **C** radiocommunications de bord

3 En France, sur le réseau « bateau-bateau », peuvent être transmis des messages :

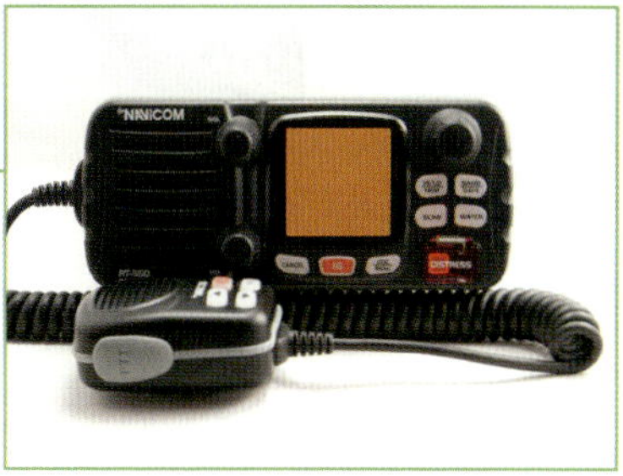

- ❍ **A** relatifs à la sécurité des bateaux et des personnes et à la navigation
- ❍ **B** relatifs à la régulation du trafic

4 Le réseau « informations nautiques » permet :

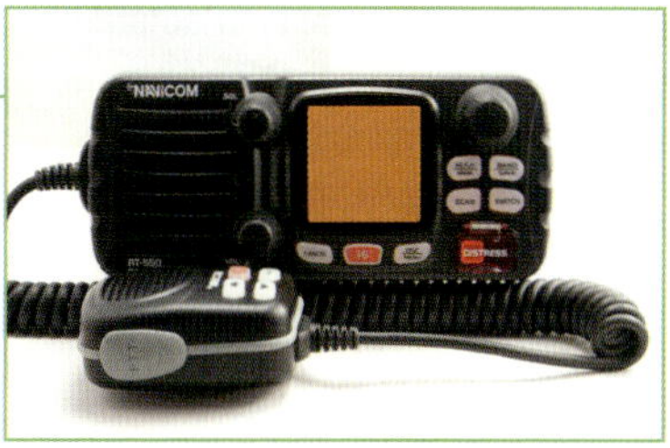

- ❍ **A** de communiquer avec un autre bateau
- ❍ **B** de recevoir des communications privées
- ❍ **C** de connaître l'état des voies navigables

5 Pour recevoir des conseils sur l'orientation du trafic, j'utilise le réseau :

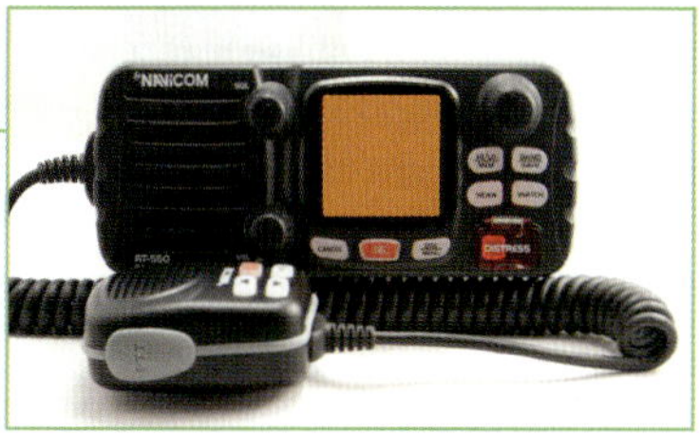

- ❍ **A** bateau-bateau
- ❍ **B** informations nautiques
- ❍ **C** radiocommunications de bord

6 Quel est l'objet du réseau « informations nautiques » ?

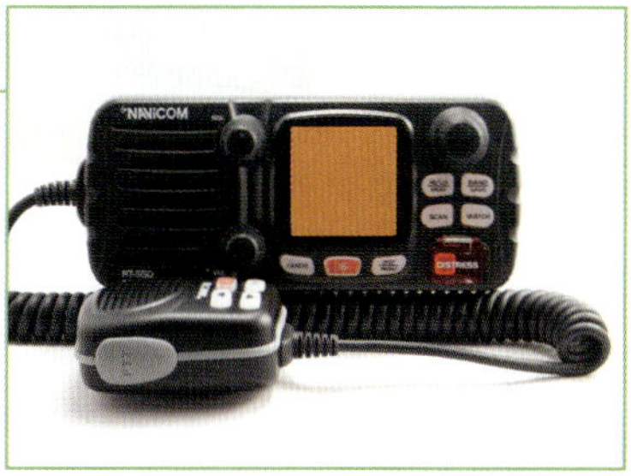

- ❍ **A** Liaisons entre bateaux et stations terrestres de météo
- ❍ **B** Liaisons entre bateaux et stations terrestres des autorités chargés de l'exploitation des voies navigables
- ❍ **C** Échange d'informations avec un autre bateau

7 En France, sur le réseau « informations nautiques », peuvent être transmis :

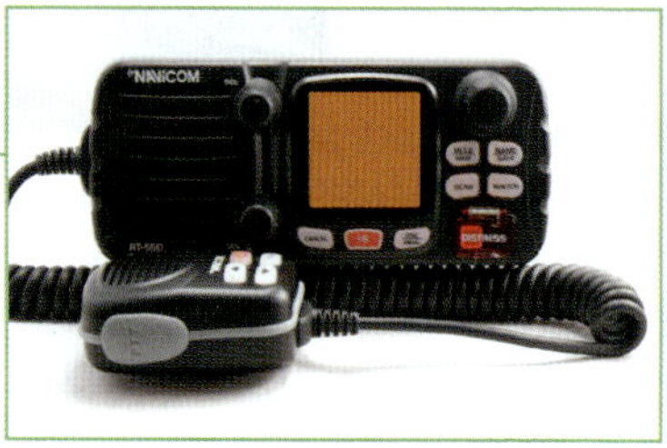

- ❍ **A** les messages relatifs à la sécurité des bateaux et des personnes et à la navigation
- ❍ **B** les messages relatifs à la correspondance privée

8 Dans le réseau « bateau-autorité portuaire », quelles sont les transmissions autorisées ?

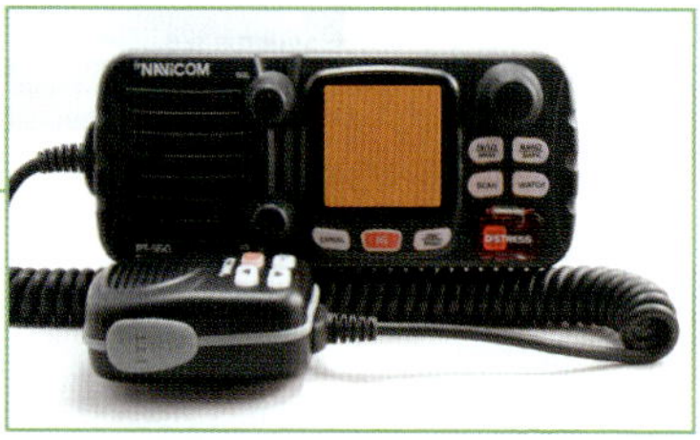

- ❍ **A** Messages relatifs à la navigation
- ❍ **B** Communications privées
- ❍ **C** Messages relatifs à la sécurité des bateaux

9 Pour une attribution d'aire de stationnement, j'utilise le réseau :

- ❍ **A** bateau-bateau
- ❍ **B** informations nautiques
- ❍ **C** bateau-autorité portuaire

10 Lorsque je communique avec un autre bateau en VHF :

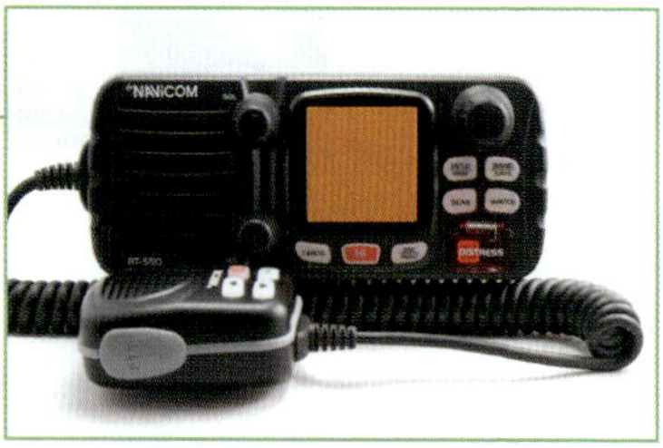

- ❍ **A** je peux parler en même temps que mon interlocuteur
- ❍ **B** je dois parler en alternance avec mon interlocuteur

11 Quel est le canal principal d'appel sur le réseau bateau-bateau ?

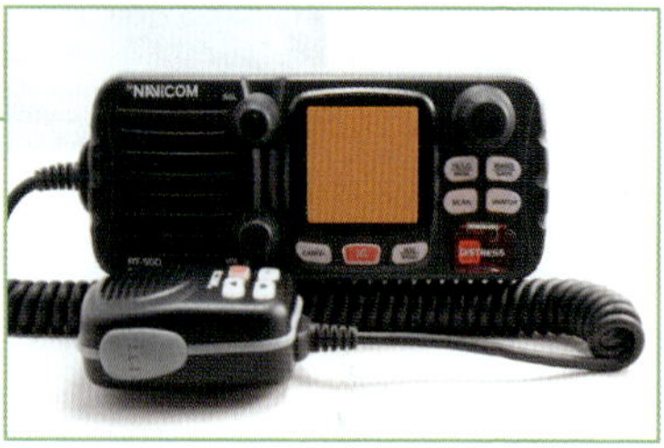

- ❍ **A** 9
- ❍ **B** 10
- ❍ **C** 16
- ❍ **D** 70

12 Les canaux 6, 8, 13, 72 et 77 sont réservés aux communications :

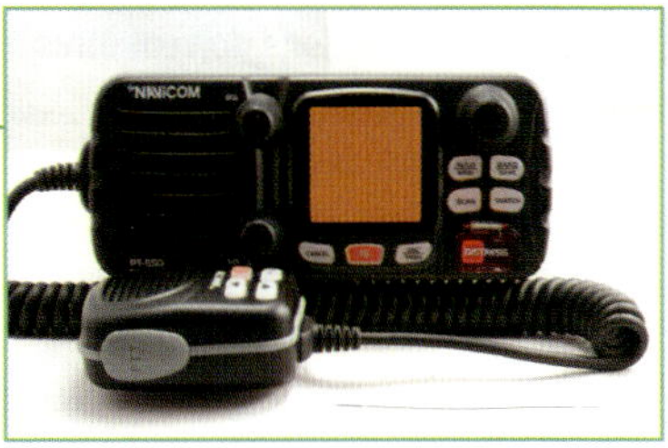

- ❍ **A** avec les autorités portuaires
- ❍ **B** avec la brigade fluviale
- ❍ **C** avec les écluses
- ❍ **D** entre bateaux

13 Pour communiquer avec un autre bateau, je peux utiliser :

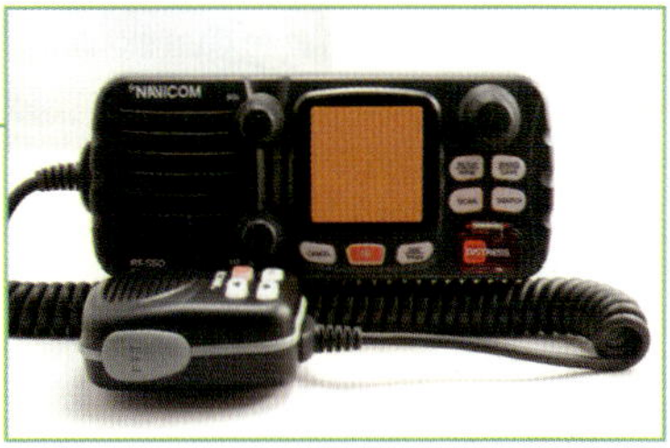

- ❍ **A** les canaux 87 et 88
- ❍ **B** uniquement le canal 70
- ❍ **C** les canaux 6 ou 8
- ❍ **D** les canaux 72 ou 77

14 Pour adresser un message de détresse aux bateaux de voisinage, j'utilise :

- ❍ **A** le canal 10
- ❍ **B** le canal 15
- ❍ **C** le canal 16
- ❍ **D** le canal 70

15 Pour adresser un message de détresse à une station terrestre, j'utilise :

- ❍ **A** le canal 10
- ❍ **B** le canal 16
- ❍ **C** un canal du réseau informations nautiques

16 Le code ATIS :

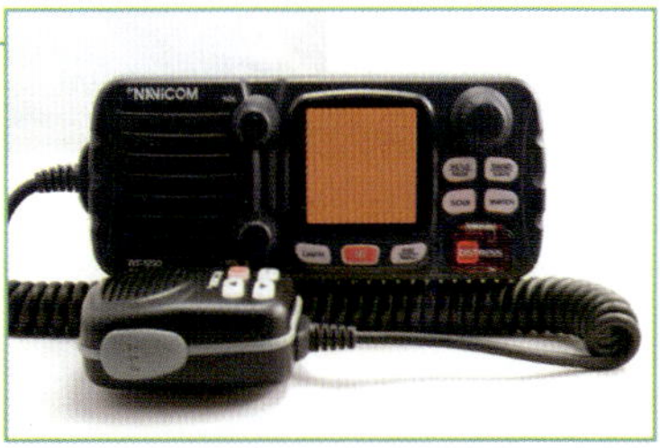

- ❍ **A** indique le numéro de série de l'équipement VHF
- ❍ **B** précise la date de mise en service de l'équipement VHF
- ❍ **C** identifie le bateau

17 Quelles installations doivent êtres équipées du système ATIS ?

- ❍ **A** uniquement les VHF fixes
- ❍ **B** les VHF fixes et portatives
- ❍ **C** uniquement les VHF portatives

18 Le dispositif ATIS permet :

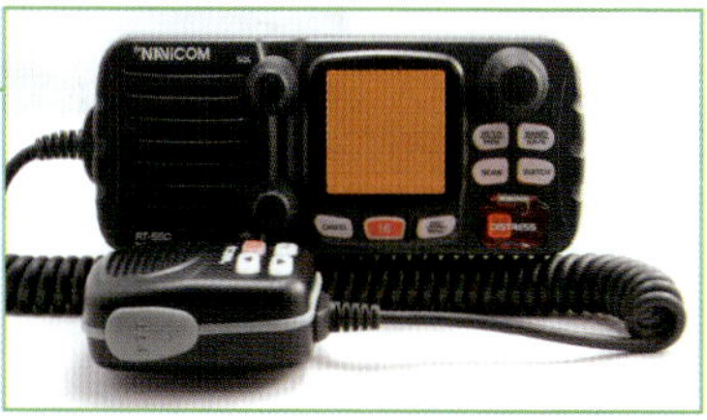

- ❍ **A** l'envoi automatique d'un signal de détresse
- ❍ **B** la réception des messages de sécurité
- ❍ **C** l'identification automatique du bateau

19 Le signal ATIS est transmis :

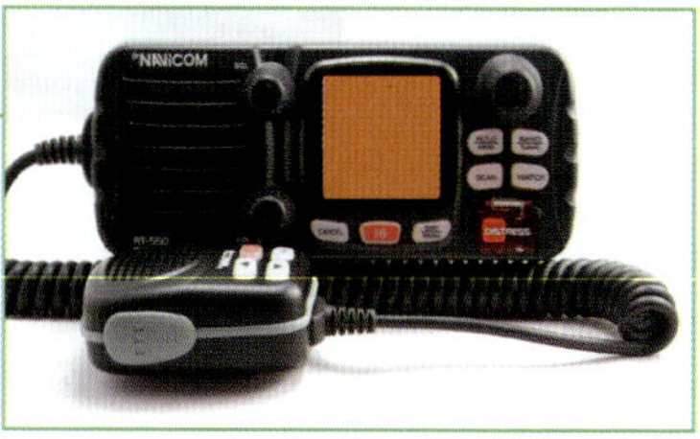

- ❍ **A** en début d'émission
- ❍ **B** en fin d'émission
- ❍ **C** en permanence
- ❍ **D** toutes les 30 minutes

20 Quel document traite de la procédure d'exploitation radiotéléphonique sur les voies d'eau intérieures ?

- ❍ **A** Le Règlement des radiocommunications de l'UIT
- ❍ **B** L'Arrangement régional relatif au service radiotéléphonique sur les voies de navigation intérieure
- ❍ **C** Le Règlement général de police de la navigation intérieure

21 Tout équipement VHF fluvial doit être équipé du système ATIS.

- ❍ **A** Vrai
- ❍ **B** Faux

22 Le système ATIS est obligatoire :

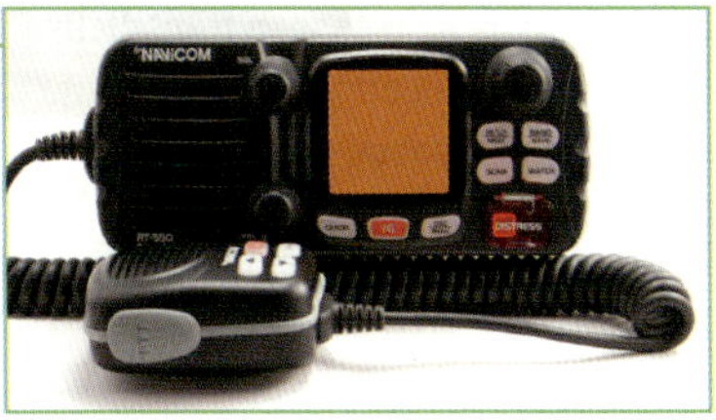

- ❍ **A** uniquement sur les voies d'eau intérieures
- ❍ **B** uniquement dans les ports
- ❍ **C** en mer et sur les voies d'eau intérieures
- ❍ **D** en mer

23 Les VHF utilisées dans le service fluvial possèdent un dispositif permettant de réduire la puissance des émetteurs en fonction des réseaux utilisés.

- ❍ **A** Vrai
- ❍ **B** Faux
- ❍ **C** Seulement les équipements pour professionnels

24 Comment la position du bateau sera-t-elle définie dans un message de détresse ?

- ❍ **A** Par les coordonnées géographiques
- ❍ **B** Par le point kilométrique (PK)
- ❍ **C** Par le nom de la voie d'eau

25 Sur les voies d'eau intérieures, l'utilisation de l'appel sélectif numérique (ASN) est :

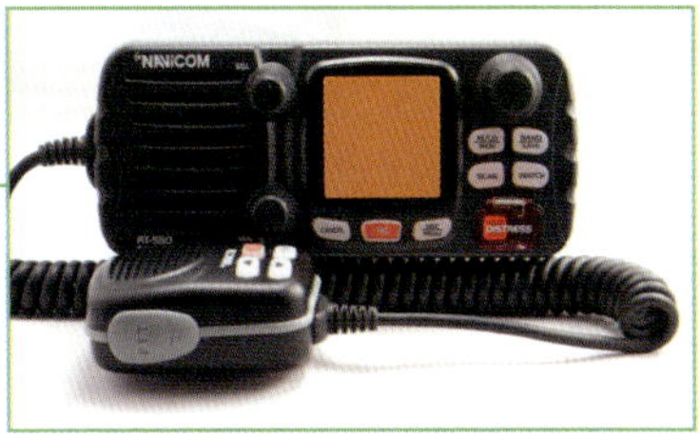

- ❍ **A** obligatoire
- ❍ **B** interdit
- ❍ **C** autorisé sur le réseau informations nautiques

26 L'utilisation de l'appel sélectif numérique est :

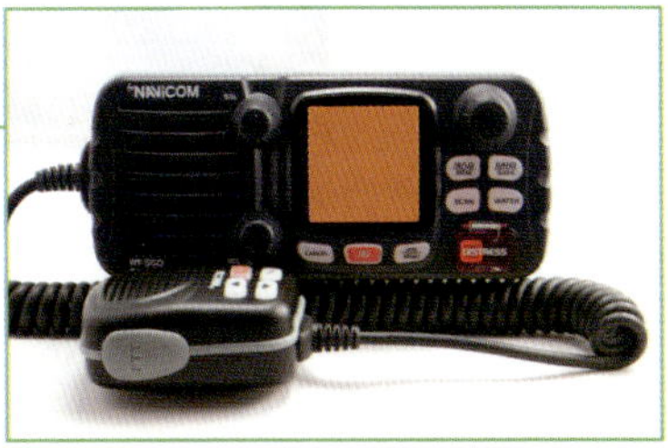

- ❍ **A** autorisé dans le réseau bateau-bateau
- ❍ **B** autorisé pour les communications de bord
- ❍ **C** interdit sur les voies d'eau intérieures

27 Quel type de message transmettre quand un bateau et/ou ses occupants sont sous la menace d'un danger grave et imminent ?

❍ **A** Détresse (MAYDAY)
❍ **B** Urgent (PAN PAN)
❍ **C** Sécurité (SÉCURITÉ)

28 Pour signaler un blessé à bord, on émet un message :

❍ **A** de sécurité (SÉCURITÉ)
❍ **B** d'urgence (PAN PAN)
❍ **C** de détresse (MAYDAY)

29 Pour signaler une épave à la dérive, on émet un message :

❍ **A** de sécurité (SÉCURITÉ)
❍ **B** d'urgence (PAN PAN)
❍ **C** de détresse (MAYDAY)

30 Un bateau victime d'une voie d'eau importante enverra un message :

❍ **A** de détresse (MAYDAY)
❍ **B** d'urgence (PAN PAN)
❍ **C** de sécurité (SÉCURITÉ)

31 Pour signaler un malade à bord, j'envoie un message :

❍ **A** de routine
❍ **B** de sécurité (SÉCURITÉ)
❍ **C** d'urgence (PAN PAN)
❍ **D** de détresse (MAYDAY)

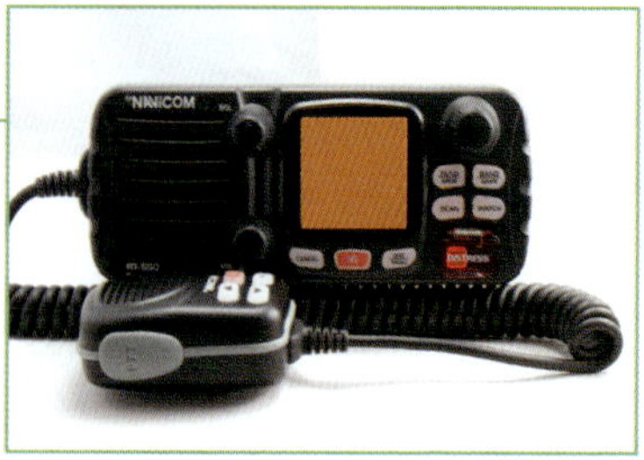

32 Pour envoyer un message d'urgence, j'utilise le signal :

- ❍ **A** MAYDAY
- ❍ **B** URGENCY
- ❍ **C** PAN PAN
- ❍ **D** SÉCURITÉ

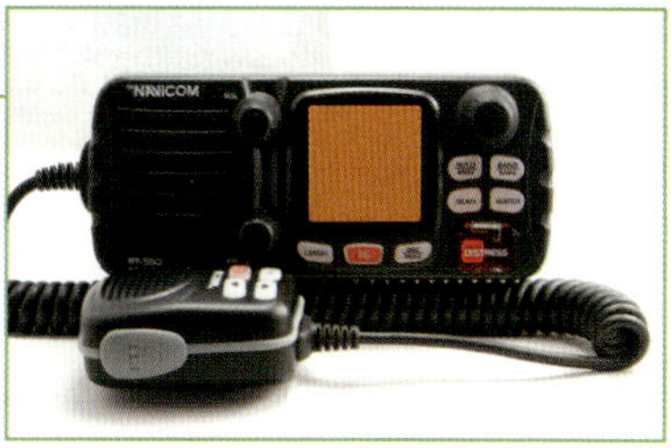

33 Pour envoyer un message de détresse, j'utilise le signal :

- ❍ **A** DISTRESS
- ❍ **B** MAYDAY
- ❍ **C** HELP
- ❍ **D** SOS

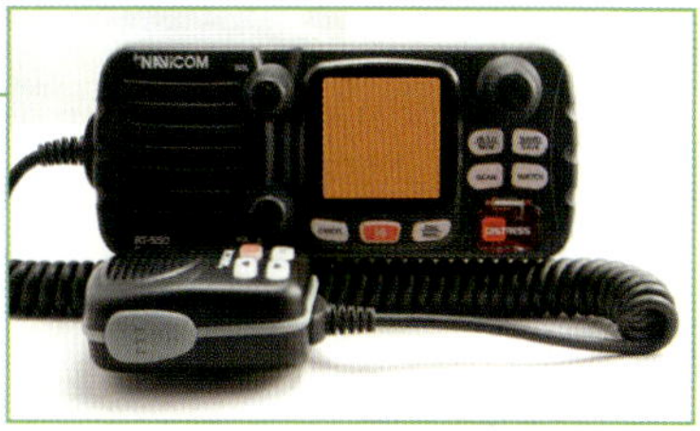

34 Une demande d'assistance médicale est prioritaire sur un bateau en détresse :

- ❍ **A** vrai
- ❍ **B** faux

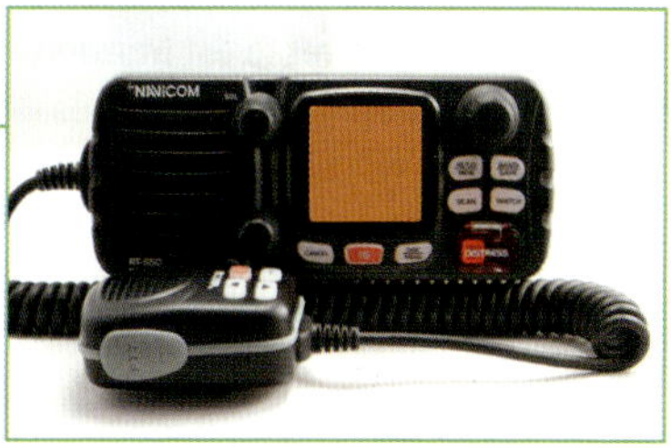

35 Une demande d'assistance médicale est prioritaire sur la signalisation d'une épave à la dérive :

- ❍ **A** vrai
- ❍ **B** faux

36 Je veux contacter un bateau ami en radiotéléphonie :

- ❍ **A** je sélectionne le canal 16 et appelle immédiatement le bateau
- ❍ **B** je l'appelle sur le canal 70
- ❍ **C** je sélectionne le canal 10, j'écoute et j'appelle si le canal est libre

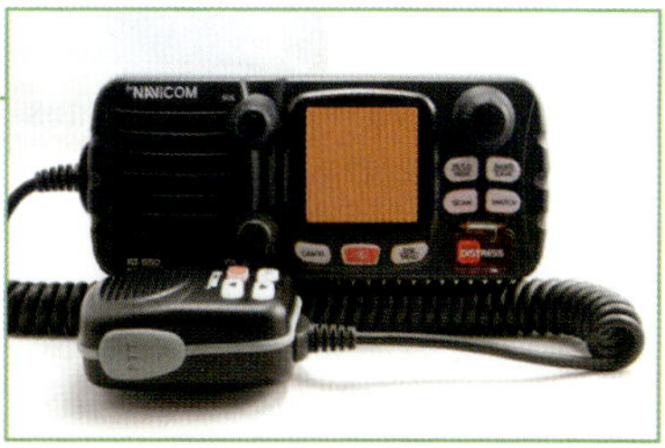

37 Sur le réseau « bateau-bateau », en France, des communications à titre privé peuvent-elles être transmises ?

- ❍ **A** non
- ❍ **B** oui, sur les canaux 70 et 77
- ❍ **C** oui, sur n'importe quel canal
- ❍ **D** oui, sur les canaux 72 et 77

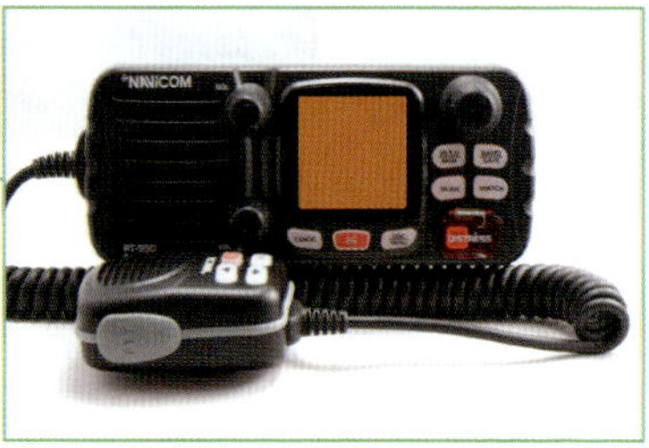

38 Un message de détresse :

- ❍ **A** est exclusivement adressé à une station terrestre
- ❍ **B** est exclusivement adressé aux bateaux du voisinage
- ❍ **C** peut être adressé, selon les cas, à une station terrestre ou aux bateaux du voisinage

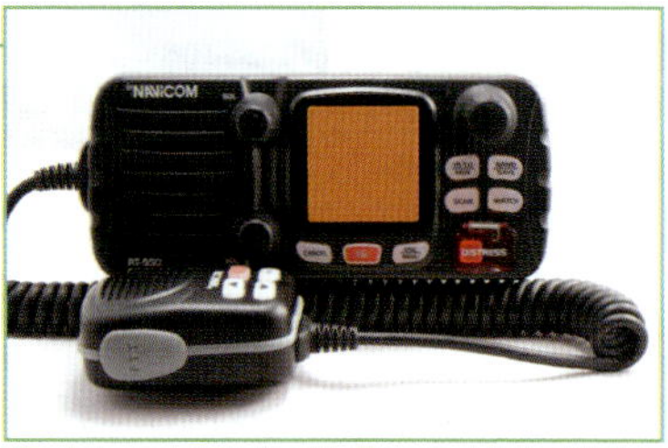

39 Un appel de détresse est transmis sur le réseau informations nautiques :

- ❍ **A** j'accuse immédiatement réception de l'appel
- ❍ **B** j'attends les éventuelles instructions d'une station terrestre

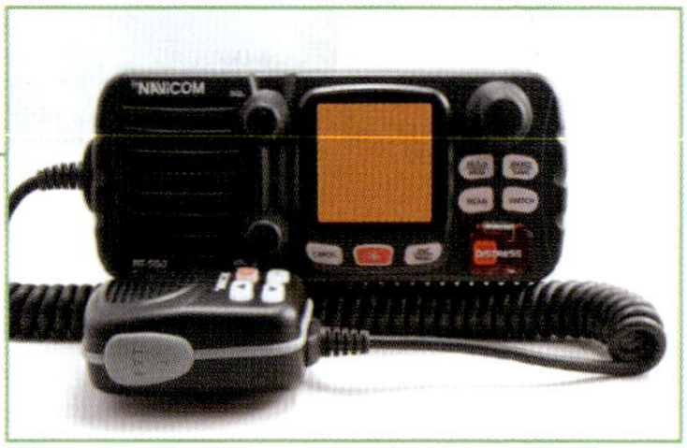

40 J'entends un appel de détresse sur le réseau bateau-autorité portuaire :

- ❍ **A** je reste à l'écoute
- ❍ **B** j'accuse immédiatement réception de l'appel
- ❍ **C** j'accuse réception si aucune station terrestre n'a accusé réception dans l'intervalle d'une minute

41 Un appel de détresse est transmis sur le réseau bateau-bateau :

- ❍ **A** j'accuse immédiatement réception de l'appel
- ❍ **B** j'attends les instructions d'une station terrestre

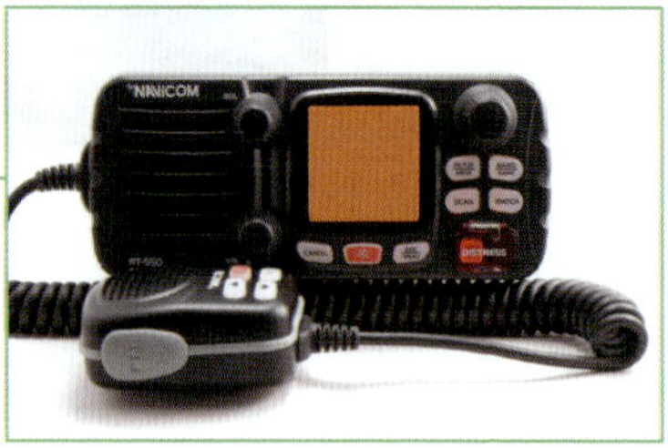

42 Mon équipement VHF doit obligatoirement :

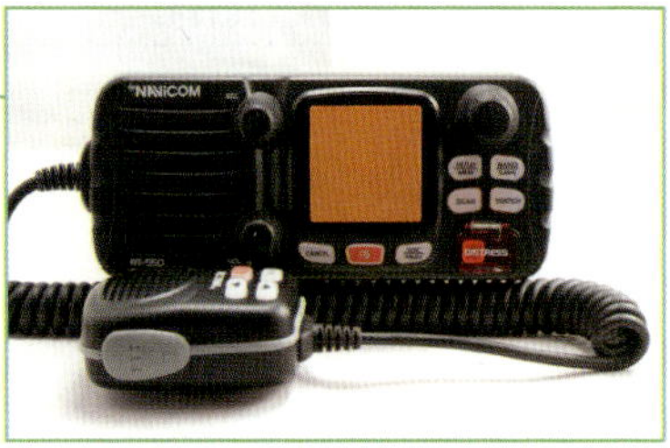

- ❍ **A** avoir été acheté en France
- ❍ **B** avoir été acheté dans un magasin agréé
- ❍ **C** porter un marquage CE attestant de sa conformité
- ❍ **D** être installé par un technicien agréé

43 Je viens d'installer une VHF fixe à bord de mon bateau. Je n'avais aucun équipement radio jusqu'alors :

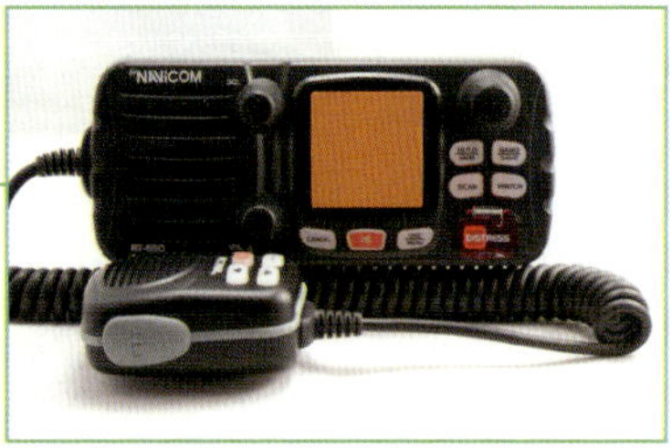

- ❍ **A** je suis dispensé de licence
- ❍ **B** je suis dispensé de licence tant que je navigue en France
- ❍ **C** je dois posséder une licence

44 Puis-je utiliser ma VHF à terre :

- ❍ **A** Oui
- ❍ **B** Non

45 L'indicatif d'appel est attribué :

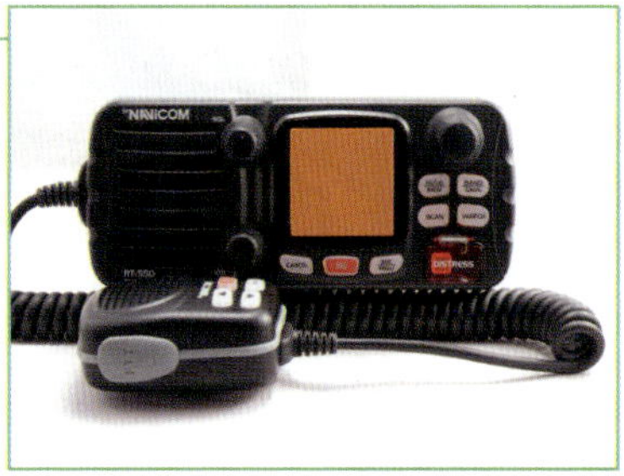

- ❍ **A** à l'équipement radio
- ❍ **B** au bateau
- ❍ **C** à l'utilisateur de la VHF

QCM 9 - ÉCOLOGIE

1 Un entretien régulier du moteur permet de diminuer la consommation de carburant :

❍ **A** Faux ❍ **B** Vrai

2 Un entretien régulier du moteur permet de diminuer ses rejets polluants :

❍ **A** Faux ❍ **B** Vrai

3 Les sites Natura 2000 sont :

❍ **A** des sites identifiés pour la rareté et la fragilité des espèces animales qui s'y rencontrent

❍ **B** un réseau de parc d'attraction

❍ **C** des zones où il est interdit de pénétrer

4 La biodégradabilité d'un sac plastique est de :

❍ **A** 10 à 80 ans ❍ **B** 1 à 10 ans ❍ **C** 100 à 500 ans

5 Sur une voie d'eau, la vitesse excessive a-t-elle un effet notable sur la dégradation des berges ?

❍ **A** Oui, à cause de la vague créée par la vitesse

❍ **B** Non, seulement en cas de crue

6 Lors d'un remplissage du réservoir de carburant vous devez :

❍ **A** Utiliser un détergent en cas de débordement

❍ **B** Utiliser un entonnoir afin d'éviter tout débordement

7 Dans l'entretien du bateau, un produit à base de chlore est :

❍ **A** À proscrire ❍ **B** Recommandé

QCM 10 - SERVICES CHARGÉS DES VOIES NAVIGABLES ET RÈGLEMENT DE POLICE

FR/2010/004

de Meaux

Liberté • Égalité • Fraternité
RÉPUBLIQUE FRANÇAISE

MEAUX , dimanche 7 février 2

navigation de la Seine

Service de la navigation de la Seine

Subdivision de Meaux

Ouverture du pertuis du barrage d'Isles les Meldeuses

AVIS A LA BATELLERIE
N° FR/2010/00422

De nouvelles conditions de franchissement

- **à partir du dimanche 7 février 2010 à 08:00 [tous les usagers]**
  - Marne entre les PK 113.108 et PK 113.158

En cas de besoin, le (ou les) service(s) à contacter est (sont) le(s) suivant(s) :
Subdivision de Meaux, BP 176, 77108, MEAUX Cedex.
Tél : 01 60 24 76 76. Fax : 01 64 33 57 16.

1 Parmi ces informations, lesquelles puis-je trouver sur un avis à la batellerie ?

- ❍ **A** Les dates des examens du permis plaisance
- ❍ **B** Une interdiction de navigation pour cause de crue
- ❍ **C** L'annonce d'une manifestation nautique

FR/2010/004
de Meaux
MEAUX , dimanche 7 février 2
navigation de la Seine
Service de la navigation de la Seine
Subdivision de Meaux
Ouverture du pertuis du barrage d'Isles les Meldeuses
AVIS A LA BATELLERIE
N° FR/2010/00422
De nouvelles conditions de franchissement
. à partir du dimanche 7 février 2010 à 08:00 [tous les usagers]
- Marne entre les PK 113.108 et PK 113.158
En cas de besoin, le (ou les) service(s) à contacter est (sont) le(s) suivant(s) :
Subdivision de Meaux, BP 176, 77108, MEAUX Cedex.
Tél : 01 60 24 76 76. Fax : 01 64 33 57 16.

2 Où peut-on consulter sûrement les avis à la batellerie ?

- ❍ **A** Aux écluses gardées
- ❍ **B** Aux approches des ponts
- ❍ **C** Dans les services de navigation

FR/2010/004
de Meaux
MEAUX , dimanche 7 février 2
navigation de la Seine
Service de la navigation de la Seine
Subdivision de Meaux
Ouverture du pertuis du barrage d'Isles les Meldeuses
AVIS A LA BATELLERIE
N° FR/2010/00422
De nouvelles conditions de franchissement
. à partir du dimanche 7 février 2010 à 08:00 [tous les usagers]
- Marne entre les PK 113.108 et PK 113.158
En cas de besoin, le (ou les) service(s) à contacter est (sont) le(s) suivant(s) :
Subdivision de Meaux, BP 176, 77108, MEAUX Cedex.
Tél : 01 60 24 76 76. Fax : 01 64 33 57 16.

3 On a le droit de s'amarrer aux balises.

- A Non, c'est interdit
- B Pour les bateaux à passagers seulement
- C Pour la plaisance seulement

4 Pendant les chômages, les bateaux :

- A doivent quitter la zone au plus vite
- B peuvent circuler dans les biefs restés en eaux
- C n'ont pas le droit de circuler

5 Il est autorisé de s'accrocher aux arbres pour un amarrage de courte durée.

- A Non
- B Oui

6 Les conducteurs des bateaux doivent-ils se conformer aux consignes des éclusiers ?

- A Non
- B Oui

7 Pour les lacs et grands plans d'eau, les règles de barre et de route sont les mêmes qu'en mer.

- A Non
- B Oui

8 Où trouve-t-on le nombre maximum autorisé ou recommandé de personnes que l'on peut embarquer à bord d'un bateau ?

- A Sur le permis de conduire du pilote
- B Sur la plaque signalétique du navire
- C Sur le tableau de bord du bateau

9 L'option « Eaux intérieures » du titre de conduite des bateaux de plaisance me permet-elle de naviguer en mer ?

- A Oui, mais à moins de 6 milles d'un abri
- B Oui
- C Non

10 En cas d'infraction, le titre de conduite des bateaux de plaisance peut-il être retiré ?

- A Oui, mais temporairement seulement
- B Non
- C Oui, temporairement ou définitivement selon la faute commise

11 Puis-je naviguer en eaux intérieures avec un navire immatriculé en mer ?

- ❍ **A** Non, je dois le faire enregistrer pour les eaux intérieures
- ❍ **B** Oui, l'immatriculation est valable en eaux intérieures
- ❍ **C** Oui, mais uniquement jusqu'au premier obstacle à la navigation

12 L'option « eaux intérieures » du titre de conduite des bateaux de plaisance me permet-elle de piloter un bateau de plus de 20 mètres dans les eaux intérieures ?

- ❍ **A** Oui, mais uniquement sur les canaux
- ❍ **B** Oui
- ❍ **C** Non, je dois être titulaire de l'extension « Grande plaisance en eaux intérieures »

13 Parmi ces documents, vous devez avoir à bord :

- ❍ **A** le titre de conduite du pilote
- ❍ **B** la liste des passagers visée par le service navigation
- ❍ **C** le titre de circulation maritime ou pour les eaux intérieures
- ❍ **D** l'acte de vente du navire

14 Sur une voie d'eau intérieure, la vitesse maximum est :

- ❍ **A** de 5 nœuds
- ❍ **B** de 5 km/h
- ❍ **C** fixée par le règlement particulier de police du plan d'eau

15 Sur le réseau géré par les Voies navigables de France (VNF), l'utilisation d'un bateau de plaisance de plus de 5 mètres est :

- ❍ **A** gratuite uniquement pour les navires immatriculés en mer
- ❍ **B** soumise à la perception d'un péage
- ❍ **C** libre et gratuite

16 À l'approche d'un port, il faut :

- ❍ **A** émettre un son prolongé
- ❍ **B** émettre 5 sons brefs
- ❍ **C** éviter de faire des remous

17 Titulaire du permis plaisance option eaux intérieures, je suis autorisé à piloter :

❍ **A** un bateau de plus de 6 CV, en eaux intérieures

❍ **B** un bateau de plus de 6 CV, en eaux intérieures et en mer, jusqu'à 2 milles d'un abri

❍ **C** un bateau de plus de 20 m, en eaux intérieures

18 Combien de personnes maximum pouvez-vous embarquer sur votre bateau ?

❍ **A** Le nombre est determiné par le RPP

❍ **B** Le nombre est fixé par le chef de bord

❍ **C** Le nombre qui figure sur la plaque du constructeur

19 Le chef de bord est-il responsable du port des gilets de sécurité ?

❍ **A** Vrai, pour tout l'équipage

❍ **B** Vrai, pour les enfants uniquement

❍ **C** Faux

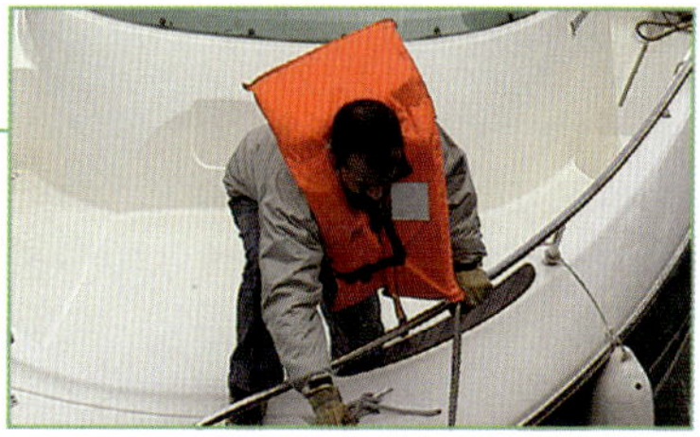

20 La réglementation prévoit-elle un équipement de sécurité minimum pour les bateaux de plaisance en eaux intérieures ?

❍ **A** Faux

❍ **B** Vrai

❍ **C** Seulement pour les bateaux de plus de 20 mètres

21 Que fixe le Règlement Particulier de Police ?

❍ **A** Les règles de navigation sur des secteurs clairement identifiés

❍ **B** Toutes les règles de navigation en eaux intérieures

RÉPONSES AUX QCM

QCM 1 (PAGE 7)

1	B	4	A	7	B	10	B
2	C	5	A	8	B	11	A
3	A	6	C	9	C	12	B

QCM 2 (PAGE 10)

1	D	17	C	33	A	49	A	65	B C
2	B	18	A	34	A	50	A	66	B D
3	B	19	B	35	A	51	D	67	C
4	B	20	B	36	B	52	C	68	C
5	A	21	C	37	B	53	B	69	D
6	A	22	D	38	C	54	C	70	C
7	C	23	B	39	B	55	A	71	A C
8	B	24	B	40	D	56	B	72	A B
9	B	25	A	41	B	57	C	73	B
10	B	26	B	42	C	58	B	74	C
11	C	27	B	43	A	59	B	75	B
12	B	28	C	44	B	60	B	76	A
13	D	29	D	45	A	61	C		
14	C	30	A	46	B	62	A		
15	D	31	D	47	A C	63	A C		
16	A	32	B	48	A	64	A D		

QCM 3 (PAGE 25)

1	A C	3	B	5	A	7	C	9	A
2	C	4	B	6	A	8	C	10	C

QCM 4 (PAGE 28)

1	A	9	A	17	B	25	C	33	D
2	B	10	B	18	C	26	B D	34	D
3	A	11	A	19	A	27	B	35	A
4	A	12	C	20	C	28	C	36	B
5	C	13	C D	21	B	29	B D		
6	C	14	C	22	A	30	C		
7	C	15	B	23	C	31	A		
8	C	16	A	24	A	32	A C		

QCM 5 (PAGE 36)

1	A	4	C	7	C	10	B	13	B
2	A	5	A	8	B	11	A	14	B
3	B	6	B	9	B	12	B	15	B

QCM 6 (PAGE 39)

1	B	6	A	11	B	16	C	21	B
2	A	7	A C	12	B	17	B	22	A
3	A	8	C	13	B	18	A		
4	A B	9	A	14	A	19	A		
5	C	10	C	15	B	20	B		

QCM 7 (PAGE 44)

1	A	2	B	3	B	4	A	5	B

QCM 8 (PAGE 46)

1	C	10	B	19	B	28	B	37	D
2	A	11	B	20	B	29	A	38	C
3	A	12	D	21	A	30	A	39	B
4	C	13	C D	22	A	31	C	40	A C
5	B	14	A	23	A	32	C	41	A
6	B	15	A	24	B	33	B	42	C
7	A	16	C	25	B	34	B	43	C
8	A C	17	B	26	C	35	A	44	B
9	C	18	C	27	A	36	C	45	B

QCM 9 (PAGE 56)

1	B	3	A	5	A	7	A
2	B	4	C	6	B		

QCM 10 (PAGE 58)

1	B C	6	B	11	B	16	C	21	A
2	A C	7	B	12	C	17	A		
3	A	8	B	13	A C	18	C		
4	B	9	C	14	C	19	A		
5	A	10	C	15	B	20	B		

NOTES

NOTES

PARTIE 2 : EXAMENS

EXAMEN A

1 Que signifie ce panneau ?

- ❍ **A** Obligation de prendre la direction de la flèche
- ❍ **B** Obligation de donner un signal sonore
- ❍ **C** Recommandation de suivre la flèche

2 Ce panneau signifie :

- ❍ **A** bac ne naviguant pas librement
- ❍ **B** fin d'une interdiction ou d'une restriction
- ❍ **C** profondeur limitée

3 Que signifie ce feu bleu scintillant ?

- ❍ **A** bateau des autorités de contrôle
- ❍ **B** bateau de plongeurs
- ❍ **C** bateau en tête d'un convoi

4 Un bief est une section comprise entre :

- ❍ **A** 2 ports
- ❍ **B** 2 confluents
- ❍ **C** 2 écluses

5 Quels sont les principaux dangers à l'amont d'un barrage ?

- ❍ **A** Accélération du courant
- ❍ **B** Difficulté à virer
- ❍ **C** L'approche d'un barrage ne présente aucun danger

6 Un message de détresse :

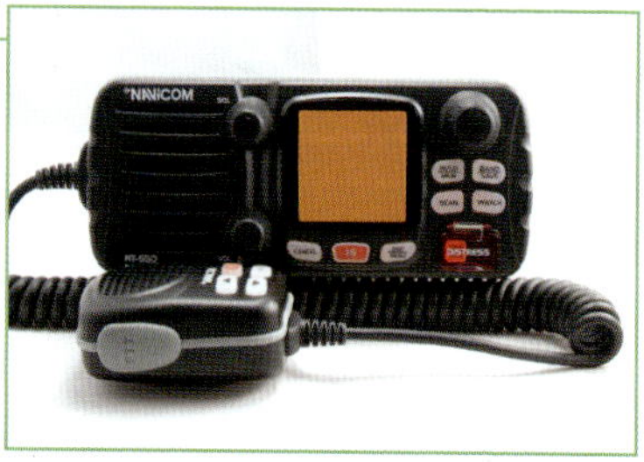

- ❍ **A** est exclusivement adressé à une station terrestre
- ❍ **B** est exclusivement adressé aux bateaux du voisinage
- ❍ **C** peut être adressé, selon les cas, à une station terrestre ou aux bateaux du voisinage

7 Ce bateau est :

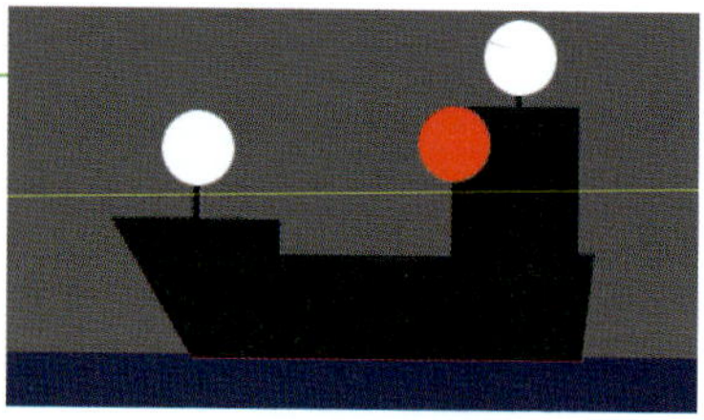

- ❍ **A** un bateau transportant des matières inflammables
- ❍ **B** un bateau transportant de l'ammoniac
- ❍ **C** un bateau de plus de 110 mètres

8 Combien de personnes maximum pouvez-vous embarquer sur votre bateau ?

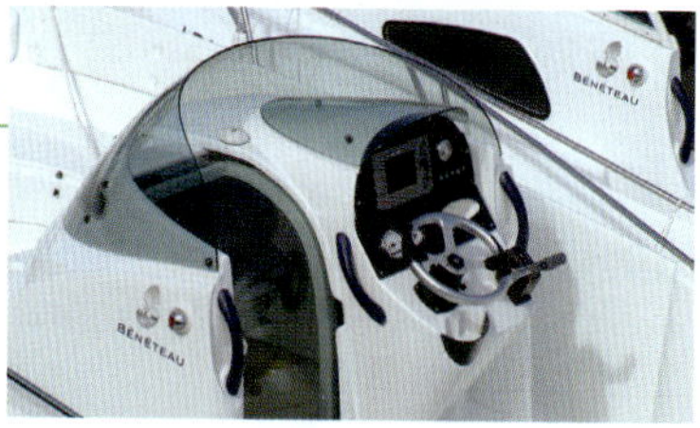

- ❍ **A** Le nombre est determiné par le RPP
- ❍ **B** Le nombre est fixé par le chef de bord
- ❍ **C** Le nombre qui figure sur la plaque du constructeur

9 Ce panneau signifie :

- ❍ **A** interdiction de virer
- ❍ **B** interdiction de dépasser
- ❍ **C** interdiction de croiser et dépasser
- ❍ **D** interdiction de passer

10 Que veut dire trémater ?

- ❍ **A** Faire demi-tour
- ❍ **B** Dépasser un autre bateau
- ❍ **C** Baisser le mât

11 Cette marque se trouve :

- ❍ **A** du côté de la rive gauche
- ❍ **B** du côté de la rive droite
- ❍ **C** devant une bifurcation
- ❍ **D** sous un pont

12 Vous apercevez un bateau sur lequel un membre de l'équipage balance un drapeau rouge en demi-cercle. Qu'indique-t-il ?

- ❍ **A** bateau incapable de manœuvrer
- ❍ **B** interdiction de dépasser
- ❍ **C** bateau transportant des matières dangereuses
- ❍ **D** bateau échoué

13 Près d'un bateau montrant cette signalisation, il est interdit de stationner :

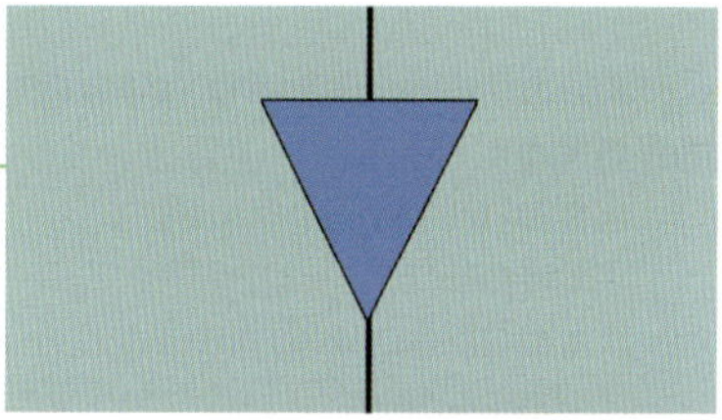

- ❍ **A** à moins de 5 mètres
- ❍ **B** à moins de 10 mètres

14 La signalisation indique :

- ❍ **A** profondeur d'eau limitée
- ❍ **B** préparez-vous à vous mettre en marche
- ❍ **C** interdiction de passer

15 Ce panneau signifie :

- ❍ **A** l'obligation de donner un signal sonore
- ❍ **B** la voie rencontrée est affluente de la voie suivie
- ❍ **C** la fin d'une restriction
- ❍ **D** l'interdiction d'entrer dans la voie affluente

16 Cinq sons brefs indiquent :

- ❍ **A** risque imminent d'abordage
- ❍ **B** je veux dépasser sur tribord
- ❍ **C** dépassement impossible

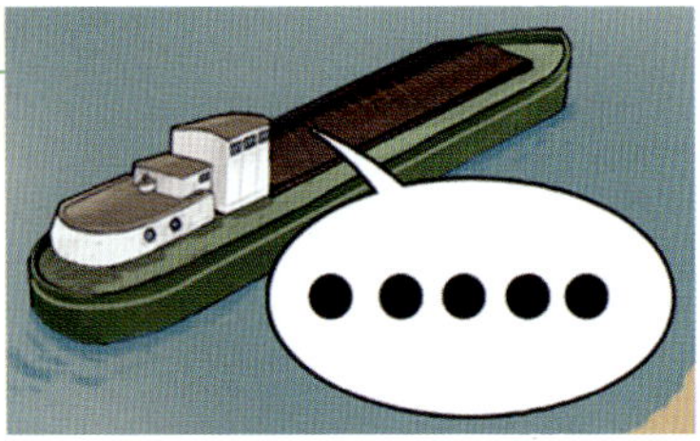

17 Pour signaler une épave à la dérive, on émet un message :

- ❍ **A** de sécurité (SÉCURITÉ)
- ❍ **B** d'urgence (PAN PAN)
- ❍ **C** de détresse (MAYDAY)

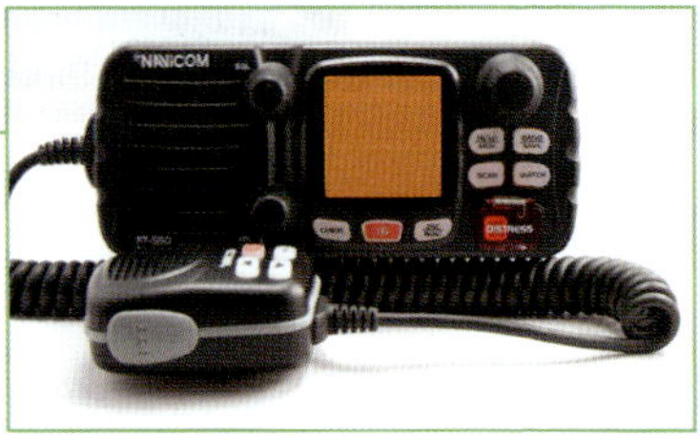

18 Sur un bateau, j'observe ce pavillon bleu et blanc :

- ❍ **A** c'est un bateau transportant des matières inflammables
- ❍ **B** c'est un bateau de plongeurs subaquatiques
- ❍ **C** je le croise sur son tribord
- ❍ **D** je passe au moins à 50 mètres

19 Ce panneau signifie :

- ❍ **A** largeur de passe limitée
- ❍ **B** recommandation de se tenir dans l'espace indiqué
- ❍ **C** autorisation de passer
- ❍ **D** interdiction de tout dépassement

20 Pour adresser un message de détresse aux bateaux de voisinage, j'utilise :

- ❍ **A** le canal 10
- ❍ **B** le canal 15
- ❍ **C** le canal 16
- ❍ **D** le canal 70

21 À l'entrée d'un port, face à vous, vous observez deux feux jaunes scintillants :

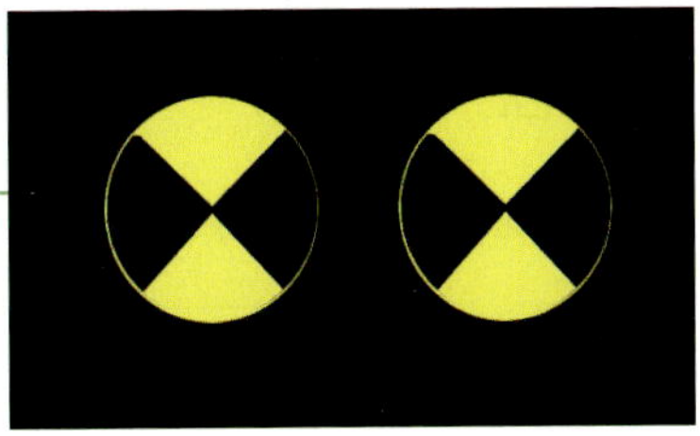

- ❍ **A** vous ne pouvez pas entrer car ce port est fermé
- ❍ **B** vous pouvez entrer car la circulation est dans un seul sens
- ❍ **C** vous pouvez entrer prudemment et rencontrer des bateaux sortants

22 De nuit, en cours de route, vous apercevez 3 feux blancs en triangle, en plus des feux de route.

- ❍ **A** Vous suivez un convoi poussé
- ❍ **B** Vous allez croiser un convoi poussé
- ❍ **C** Vous allez croiser un bac

23 Quels types de communications peut-on, en principe, transmettre sur le réseau bateau-bateau ?

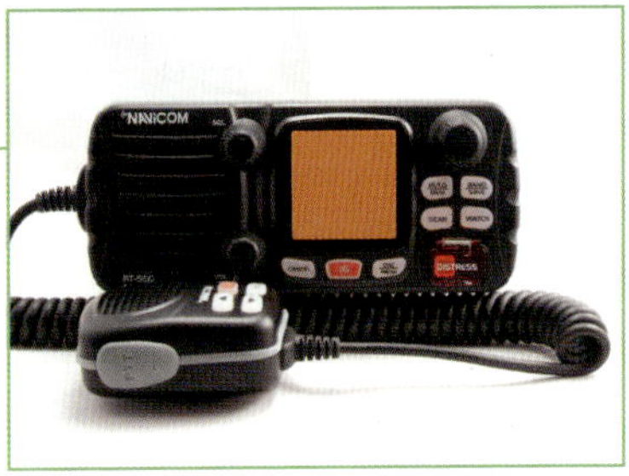

- ❍ **A** Communications sur la cargaison
- ❍ **B** Communications commerciales
- ❍ **C** Communications relatives à la sécurité des personnes, à la navigation et à la sécurité des bateaux

24 Dans une écluse, pendant le remplissage du sas, il est prudent de s'amarrer :

- ❍ **A** loin des portes amont
- ❍ **B** près des portes amont

25 Ces pavillons fixes signifient :

- ❍ **A** interdiction de dépasser
- ❍ **B** interdiction de passer
- ❍ **C** interdit de dépasser aux convois
- ❍ **D** observer une vigilance accrue

26 Il est autorisé de s'accrocher aux arbres pour un amarrage de courte durée.

- ❍ **A** Non
- ❍ **B** Oui

27 Je dois allumer les feux de mon bateau :

- ❍ **A** par temps de brouillard
- ❍ **B** en permanence
- ❍ **C** à la tombée du jour

28 Les sites Natura 2000 sont :

- ❍ **A** des sites identifiés pour la rareté et la fragilité des espèces animales qui s'y rencontrent
- ❍ **B** un réseau de parc d'attraction
- ❍ **C** des zones où il est interdit de pénétrer

29 Ce feu indique :

- ❍ **A** une interdiction de stationnement latéral
- ❍ **B** une interdiction d'entrer dans un port
- ❍ **C** une interdiction de passer

30 Un appel de détresse est transmis sur le réseau bateau-bateau :

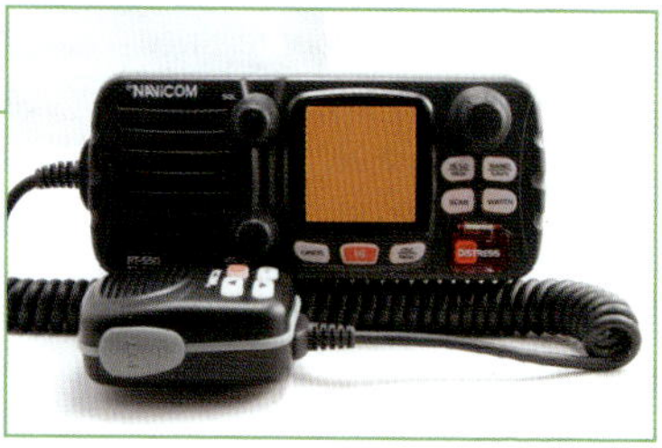

- ❍ **A** j'accuse immédiatement réception de l'appel
- ❍ **B** j'attends les instructions d'une station terrestre

EXAMEN B

1 Cette marque indique :

- ❍ **A** une limite de profondeur
- ❍ **B** la bouée d'un chenal
- ❍ **C** la présence de plongeurs à proximité
- ❍ **D** un croisement de voies affluentes

2 Titulaire du permis plaisance option eaux intérieures, je suis autorisé à piloter :

- ❍ **A** un bateau de plus de 6 CV, en eaux intérieures
- ❍ **B** un bateau de plus de 6 CV, en eaux intérieures et en mer, jusqu'à 2 milles d'un abri
- ❍ **C** un bateau de plus de 20 m, en eaux intérieures

3 Ces panneaux signifient :

- ❍ **A** recommandation de se tenir dans l'espace indiqué
- ❍ **B** interdiction de passer en dehors de l'espace indiqué
- ❍ **C** la largueur de la passe est limitée

4 Pour convenir de la route à suivre vis-à-vis d'un autre bateau, j'utilise le réseau :

- ❍ **A** bateau-bateau
- ❍ **B** informations nautiques
- ❍ **C** radiocommunications de bord

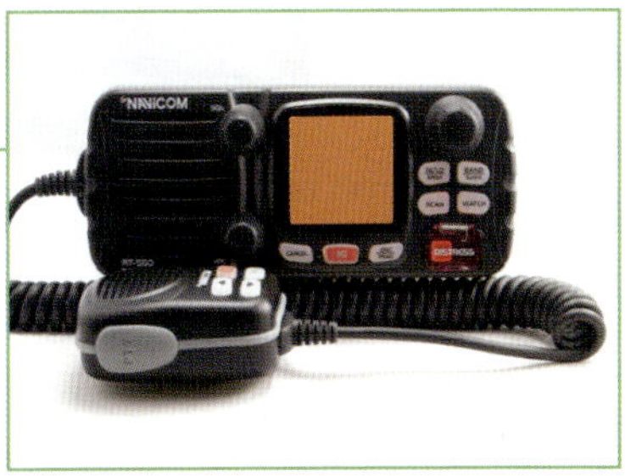

5 Un son bref indique :

- ❍ **A** Je vais virer sur bâbord
- ❍ **B** Je viens sur tribord
- ❍ **C** Je veux dépasser sur tribord

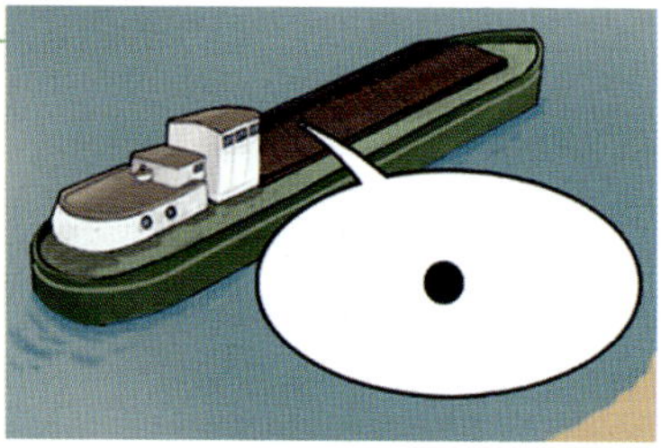

6 Ce feu rythmé indique :

- ❍ **A** préparez-vous à vous mettre en marche
- ❍ **B** la hauteur libre est limitée
- ❍ **C** bateaux sortants, entrée interdite

7 Un bateau motorisé en stationnement montre ce panneau du côté du chenal :

- ❍ **A** il faut passer à plus de 50 m du bateau
- ❍ **B** il présente une ancre dangereuse pour la navigation
- ❍ **C** il faut réduire la vitesse pour éviter les remous

8 L'indicatif d'appel est attribué :

- ❍ **A** à l'équipement radio
- ❍ **B** au bateau
- ❍ **C** à l'utilisateur de la VHF

9 Un bateau émet un son prolongé. Qu'indique-t-il ?

- ❍ **A** Je viens à droite
- ❍ **B** Je viens à gauche
- ❍ **C** Attention !

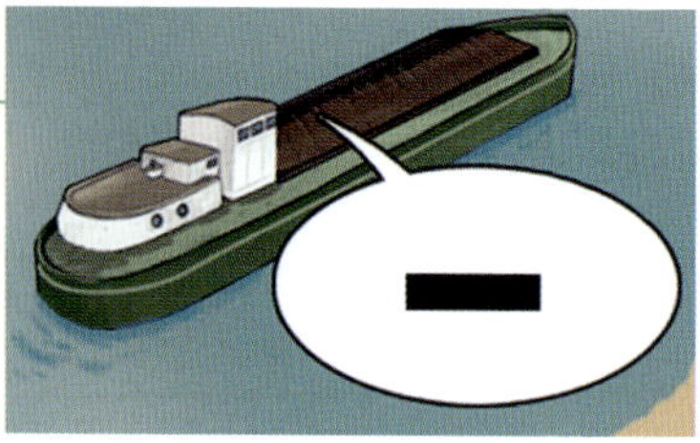

10 Le chef de bord est-il responsable du port des gilets de sécurité ?

- ❍ **A** Vrai, pour tout l'équipage
- ❍ **B** Vrai, pour les enfants uniquement
- ❍ **C** Faux

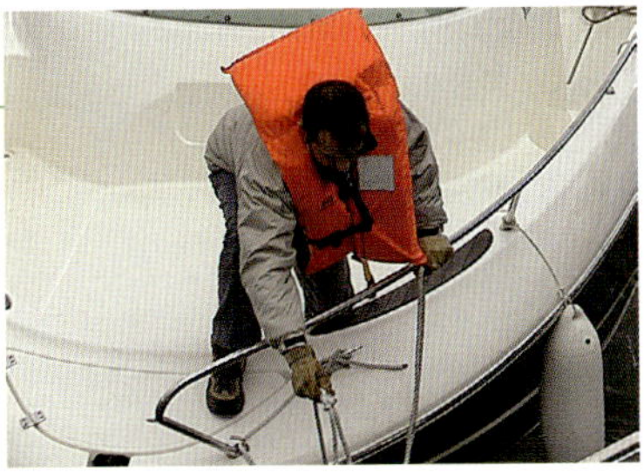

11 Le terme « chômage » désigne une période d'entretien ou de réparation des ouvrages ou de la voie d'eau.

- ❍ **A** Non
- ❍ **B** Oui

12 Y a-t-il un risque de crue sur un canal ?

- ❍ **A** Oui
- ❍ **B** Oui, seulement sur les canaux latéraux
- ❍ **C** Non, jamais

13 Au passage d'une écluse, il est obligatoire :

- ❍ **A** d'amarrer le bateau et suivre le niveau de l'eau
- ❍ **B** de faire tourner l'hélice
- ❍ **C** de vider les eaux usées

14 La biodégradabilité d'un sac plastique est de :

- ❍ **A** 10 à 80 ans
- ❍ **B** 1 à 10 ans
- ❍ **C** 100 à 500 ans

15 Que signifient ces deux feux blancs superposés ?

- ❍ **A** Bateau de plongeurs
- ❍ **B** Bateau échoué
- ❍ **C** Ancre dangereuse pour la navigation
- ❍ **D** Matériel flottant à protéger des remous

16 **Pour envoyer un message d'urgence, j'utilise le signal :**

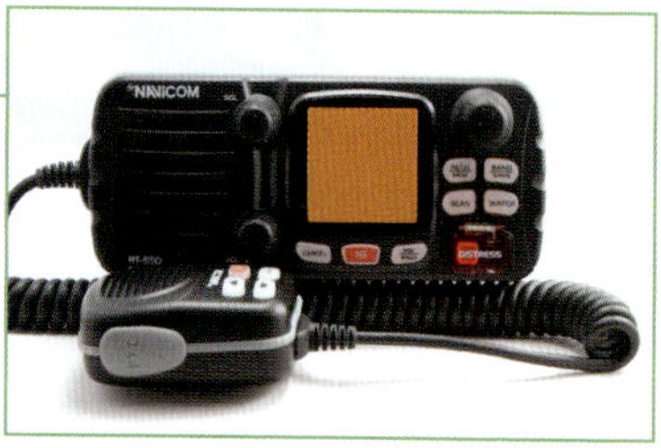

- ❍ **A** MAYDAY
- ❍ **B** URGENCY
- ❍ **C** PAN PAN
- ❍ **D** SÉCURITÉ

17 **L'utilisation du VNM (Véhicule nautique à Moteur) est autorisée la nuit :**

- ❍ **A** vrai
- ❍ **B** faux

18 **Quelle est la signification de cette bouée jaune :**

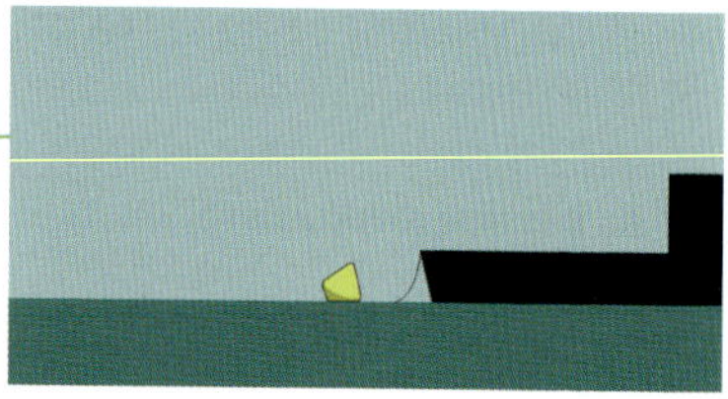

- ❍ **A** interdiction d'accès à bord
- ❍ **B** bac stationnant au débarcadère
- ❍ **C** ancrage dangereux pour la navigation

19 **Ce panneau signifie :**

- ❍ **A** interdiction d'ancrer
- ❍ **B** interdiction de stationner
- ❍ **C** interdit de créer des remous
- ❍ **D** interdiction de s'amarrer

20 **Ce cône rouge sur un bâtiment signale un transport :**

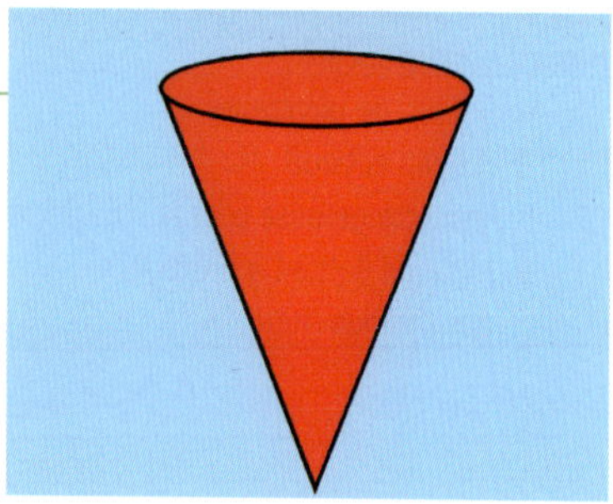

- ❍ **A** d'ammoniac
- ❍ **B** de matières inflammables
- ❍ **C** de passagers
- ❍ **D** de matières explosives

21 **Ce panneau signifie :**

- ❍ **A** interdiction de la pratique du ski nautique
- ❍ **B** interdiction de tout dépassement
- ❍ **C** parcours de ski nautique

22 **En France, sur le réseau « informations nautiques », peuvent être transmis :**

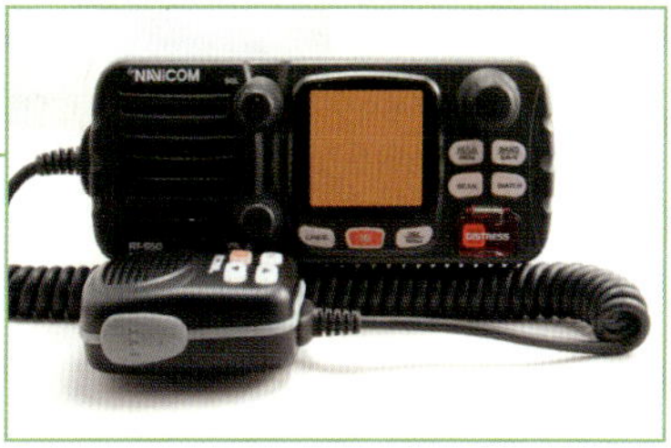

- ❍ **A** les messages relatifs à la sécurité des bateaux et des personnes et à la navigation
- ❍ **B** les messages relatifs à la correspondance privée

23 **Lorsque ces 2 bateaux à moteur vont se croiser :**

- ❍ **A** chacun doit venir sur tribord
- ❍ **B** chacun doit venir sur bâbord
- ❍ **C** seul le plus gros doit venir sur tribord
- ❍ **D** seul le plus gros doit venir sur bâbord

24 **La réglementation prévoit-elle un équipement de sécurité minimum pour les bateaux de plaisance en eaux intérieures ? :**

- ❍ **A** Faux
- ❍ **B** Vrai
- ❍ **C** Seulement pour les bateaux de plus de 20 mètres

25 **Ce panneau signifie :**

- ❍ **A** annonce d'un bac ne naviguant pas librement
- ❍ **B** profondeur limitée
- ❍ **C** fin d'interdiction

26 Que signifie ce feu fixe bleu ?

- ❍ **A** Bateau transportant des matières dangereuses
- ❍ **B** Bateau de plaisance de moins de 25 m de longueur
- ❍ **C** Bateau de plongeurs

27 Une demande d'assistance médicale est prioritaire sur la signalisation d'une épave à la dérive :

- ❍ **A** vrai
- ❍ **B** faux

28 Ce panneau signifie :

- ❍ **A** interdiction de stationner
- ❍ **B** autorisation d'ancrer
- ❍ **C** interdiction d'ancrer
- ❍ **D** limite d'autorisation de stationnement

29 Que signifie cette flamme ?

- ❍ **A** Bateau des services d'incendie
- ❍ **B** Bateau prioritaire aux écluses
- ❍ **C** Bateau non maître de sa manœuvre

30 Sur les lacs et grands plans d'eau, les règles de barre et de route sont les mêmes qu'en mer.

- ❍ **A** Oui
- ❍ **B** Non

EXAMEN C

1 Pour signaler un blessé à bord, on émet un message :

- ❍ **A** de sécurité (SÉCURITÉ)
- ❍ **B** d'urgence (PAN PAN)
- ❍ **C** de détresse (MAYDAY)

2 Ce panneau signifie :

- ❍ **A** limitation de la hauteur libre
- ❍ **B** vitesse maximum autorisée
- ❍ **C** interdiction de tout dépassement
- ❍ **D** profondeur limitée

3 Je viens d'installer une VHF fixe à bord de mon bateau. Je n'avais aucun équipement radio jusqu'alors :

- ❍ **A** je suis dispensé de licence
- ❍ **B** je suis dispensé de licence tant que je navigue en France
- ❍ **C** je dois posséder une licence

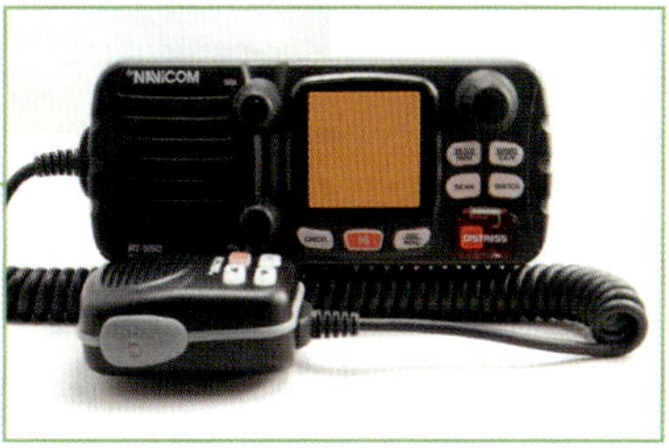

4 Sous ce pont, que matérialise cette flèche rouge ?

- ❍ **A** Le tirant d'air
- ❍ **B** La hauteur libre
- ❍ **C** Le mouillage

5 Ce panneau indique :

- ❍ **A** qu'il est interdit aux embarcations de sport de stationner
- ❍ **B** qu'il est interdit aux embarcations de sport ou de plaisance de naviguer

6 Un bâtiment émet 4 sons brefs.

- ❍ **A** Il attire votre attention
- ❍ **B** Il bat en arrière
- ❍ **C** Il est en détresse
- ❍ **D** Il n'est pas manoeuvrant

7 Sur une rivière canalisée doit-on prendre des précautions particulières en cas de crue ?

- ❍ **A** Oui
- ❍ **B** Non, car il n'y a pas de crue sur une rivière canalisée

8 Dans les écluses, au cours de vidange et remplissage, les bateaux doivent être amarrés.

- ❍ **A** Oui
- ❍ **B** Non

9 Les VHF utilisées dans le service fluvial possèdent un dispositif permettant de réduire la puissance des émetteurs en fonction des réseaux utilisés.

- ❍ **A** Vrai
- ❍ **B** Faux
- ❍ **C** Seulement les équipements pour professionnels

10 Ce panneau signifie :

- ❍ **A** interdiction de tout dépassement
- ❍ **B** autorisation de passer
- ❍ **C** fin d'une interdiction

11 Une série de sons très brefs indique :

- ❍ **A** je vais virer sur bâbord
- ❍ **B** risque imminent d'abordage
- ❍ **C** je veux dépasser sur tribord

12 Les montants doivent céder le passage aux avalants.

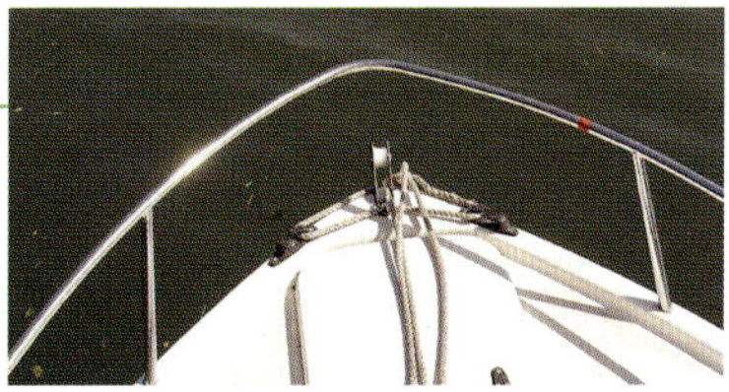

- ❍ **A** Oui
- ❍ **B** Non

13 Je dois croiser ce bateau :

- ❍ **A** en venant sur bâbord
- ❍ **B** indifféremment sur tribord ou bâbord
- ❍ **C** en venant sur tribord

14 Sur les eaux intérieures, je peux faire du ski nautique :

- ❍ **A** sur l'ensemble du réseau, à l'extérieur des villes
- ❍ **B** sur les plans d'eau fermés uniquement
- ❍ **C** dans les zones réglementées prévues à cet effet

15 Sur un lac, entre ces deux bateaux de plaisance à moteur :

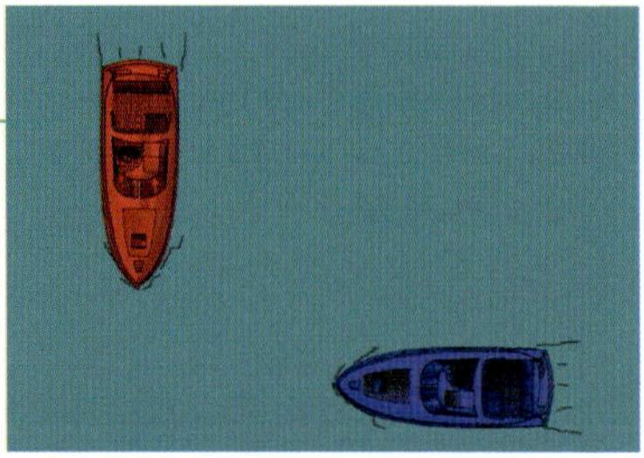

- ❍ **A** c'est le bateau rouge qui doit manœuvrer
- ❍ **B** c'est le bateau bleu qui doit manœuvrer

16 Face à ce bateau stationné au milieu du chenal :

- ❍ **A** je passe indifféremment à droite ou à gauche
- ❍ **B** je passe à gauche, sans faire de remous
- ❍ **C** je passe à droite

17 Ce panneau signifie :

- ❍ **A** obligation de croiser le chenal vers bâbord
- ❍ **B** obligation de se diriger vers le côté du chenal se trouvant à bâbord
- ❍ **C** interdiction de virer

18 Face à ces deux feux jaunes fixes, de nuit, sous un pont :

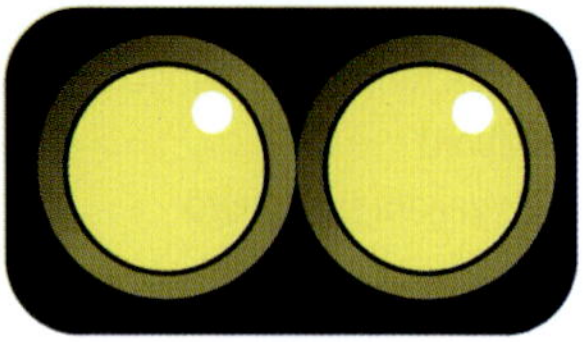

- ❍ **A** je peux passer
- ❍ **B** je ne passe pas, c'est interdit
- ❍ **C** je peux rencontrer des bateaux en sens inverse

19 On a le droit de s'amarrer aux balises.

- ❍ **A** Non, c'est interdit
- ❍ **B** Pour les bateaux à passagers seulement
- ❍ **C** Pour la plaisance seulement

20 Ce feu vert indique :

- ❍ **A** passage interdit
- ❍ **B** préparez-vous à vous mettre en marche
- ❍ **C** passage autorisé

21 L'étiage, c'est :

- ❍ **A** le niveau des plus basses eaux
- ❍ **B** le niveaux des plus hautes eaux
- ❍ **C** le niveau moyen des eaux

22 Que signifient des sons prolongés répétés ?

- ❍ **A** Signal de détresse
- ❍ **B** Risque imminent d'abordage
- ❍ **C** Je vais virer sur bâbord

23 À bord de votre bateau de plaisance, vous voyez ce signal. Vous pouvez :

- ❍ **A** dépasser un bateau isolé
- ❍ **B** dépasser un convoi
- ❍ **C** ni l'un, ni l'autre

24 À bord d'un bateau, un équipier vous fait signe en agitant, en cercles, un pavillon rouge.

- ❍ **A** Il vous demande de ralentir
- ❍ **B** Il a besoin de secours
- ❍ **C** Il signale qu'il rejoint son embarcadère

25 Sur une voie d'eau, la vitesse excessive a-t-elle un effet notable sur la dégradation des berges ?

- ❍ **A** oui, à cause de la vague créée par la vitesse
- ❍ **B** non, seulement en cas de crue

26 Sur un lac :

- ❍ **A** le VNM a priorité de passage sur la planche à voile
- ❍ **B** le VNM doit s'écarter d'une planche à voile

27 Lorsque je communique avec un autre bateau en VHF :

- ❍ **A** je peux parler en même temps que mon interlocuteur
- ❍ **B** je dois parler en alternance avec mon interlocuteur

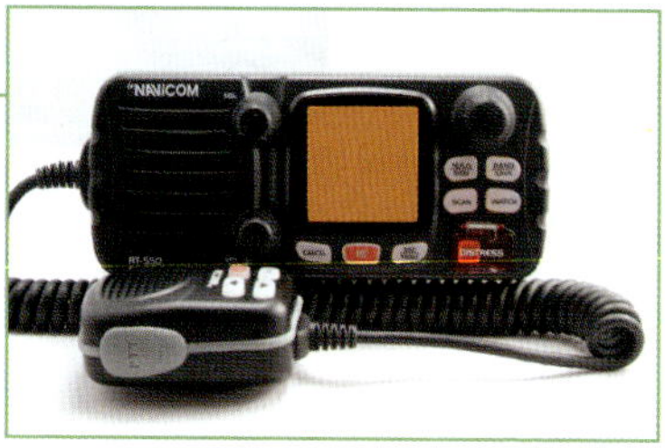

28 Ce panneau signifie :

- ❍ **A** autorisation de stationner sur 1 000 mètres
- ❍ **B** largeur du chenal limitée
- ❍ **C** interdiction de stationner sur 1 000 mètres
- ❍ **D** restrictions imposées à la navigation sur 1 000 mètres

29 **Sur le réseau « bateau-bateau », en France, des communications à titre privé peuvent-elles être transmises ?**

- ❍ **A** non
- ❍ **B** oui, sur les canaux 70 et 77
- ❍ **C** oui, sur n'importe quel canal
- ❍ **D** oui, sur les canaux 72 et 77

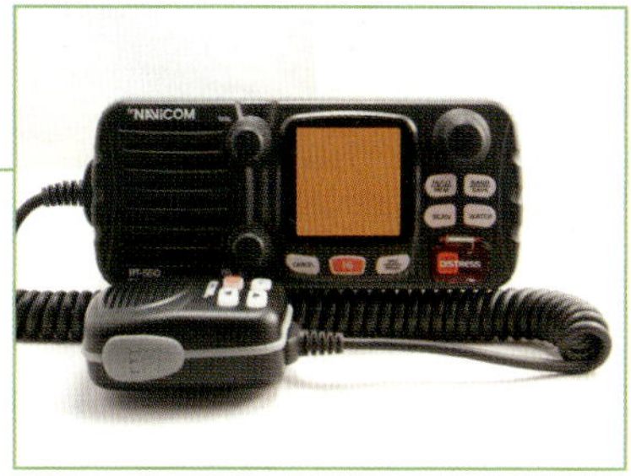

30 **Lequel de ces panneaux indique la hauteur libre ?**

- ❍ **A** Celui de droite
- ❍ **B** Celui du milieu
- ❍ **C** Celui de gauche

EXAMEN D

1 Un son bref indique :

- ❍ **A** Je vais virer sur bâbord
- ❍ **B** Je viens sur tribord
- ❍ **C** Je veux dépasser sur tribord

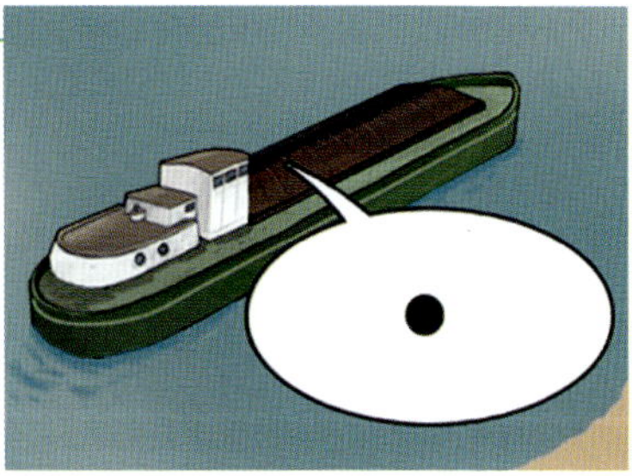

2 Que fixe le Règlement Particulier de Police ? :

- ❍ **A** Les règles de navigation sur des secteurs clairement identifiés
- ❍ **B** Toutes les règles de navigation en eaux intérieures

3 Ces feux indiquent :

- ❍ **A** autorisation de passer
- ❍ **B** autorisation de stationner
- ❍ **C** interdit de croiser et de dépasser
- ❍ **D** interdit de passer mais préparez-vous à vous mettre en marche

4 En cas d'infraction, le titre de conduite des bateaux de plaisance peut-il être retiré ?

- ❍ **A** Oui, mais temporairement seulement
- ❍ **B** Non
- ❍ **C** Oui, temporairement ou définitivement selon la faute commise

5 Ce panneau signifie :

- ❍ **A** interdiction aux convois de dépasser
- ❍ **B** obligation de prendre la direction de la flèche
- ❍ **C** profondeur limitée
- ❍ **D** hauteur libre limitée

6 À l'approche de ce panneau :

- ❍ **A** je m'arrête
- ❍ **B** je vire
- ❍ **C** je tiens la gauche du chenal

7 Dans les écluses, les ancres doivent être complètement relevées.

- ❍ **A** Oui
- ❍ **B** Non

8 Voyant ces feux, je me dirige :

- ❍ **A** vers la droite, du feu fixe vers le feu rythmé
- ❍ **B** vers la gauche, du feu rythmé vers le feu fixe

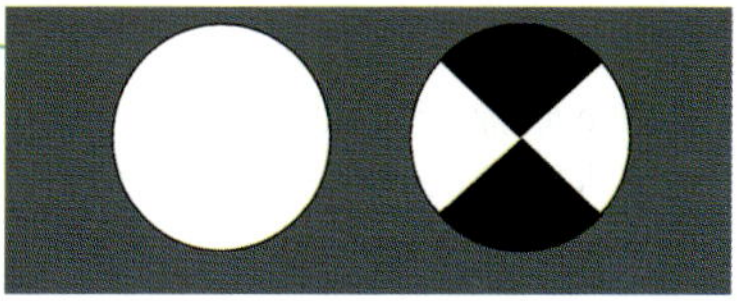

9 Mon équipement VHF doit obligatoirement :

- ❍ **A** avoir été acheté en France
- ❍ **B** avoir été acheté dans un magasin agréé
- ❍ **C** porter un marquage CE attestant de sa conformité
- ❍ **D** être installé par un technicien agréé

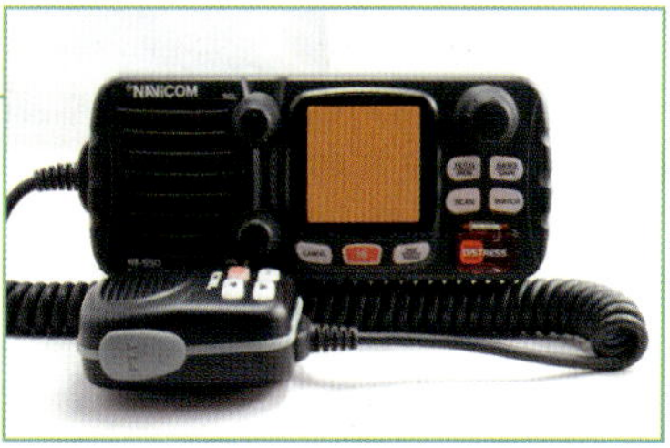

10 Cette marque se trouve :

- ❍ **A** du côté de la rive gauche
- ❍ **B** du côté de la rive droite
- ❍ **C** devant une bifurcation
- ❍ **D** devant une zone de baignade

11 Une série de bouées jaunes rapprochées indique :

- ❍ **A** une zone réservée à la baignade
- ❍ **B** la rive gauche
- ❍ **C** la rive droite
- ❍ **D** une bifurcation

12 Cette marque indique :

- ❍ **A** le côté de la rive gauche
- ❍ **B** le côté de la rive droite
- ❍ **C** une bifurcation
- ❍ **D** un chenal rétréci

13 Ces deux feux indiquent :

- ❍ **A** interdiction d'accès à bord
- ❍ **B** interdit de passer mais préparez-vous à vous mettre en marche
- ❍ **C** obligation de donner un signal sonore

14 Sur les eaux intérieures, je peux piloter à grande vitesse un véhicule nautique à moteur (scooter de mer, moto de mer) :

- ❍ **A** partout, hors des villes
- ❍ **B** sur les lacs uniquement
- ❍ **C** dans les zones réglementées prévues à cet effet

15 Face à ce panneau :

- ❍ **A** vous respectez la vitesse de 20 noeuds
- ❍ **B** vous respectez la vitesse de 20 km/h
- ❍ **C** vous vous écartez de 20 mètres de la rive

16 **Quel est le canal principal d'appel sur le réseau bateau-bateau ?**

- ❍ **A** 9
- ❍ **B** 10
- ❍ **C** 16
- ❍ **D** 70

17 **En face de vous, un bateau montant émet un son bref, si vous souhaitez accuser réception de ce signal, quel son devez-vous émettre ? :**

- ❍ **A** A un son bref
- ❍ **B** un son long
- ❍ **C** deux sons brefs

18 **Trois sons brefs indiquent :**

- ❍ **A** Je bats en arrière
- ❍ **B** Il faut attendre pour me dépasser
- ❍ **C** Je vais virer sur bâbord

19 **Cette signalisation indique :**

- ❍ **A** interdiction de passer mais préparez-vous à vous mettre en marche
- ❍ **B** interdiction de passer
- ❍ **C** interdiction de créer des remous

20 **Face à ce pont, je ne rencontrerai pas de navigation en sens inverse si je passe :**

- ❍ **A** sous l'arche du milieu
- ❍ **B** sous l'arche de droite
- ❍ **C** sous l'arche de gauche

21 Dans une grande écluse, un bateau de plaisance peut être éclusé en même temps qu'un bâtiment de commerce. Dans ce cas, il pénètre dans le sas :

- ❍ **A** avant le bâtiment de commerce
- ❍ **B** après le bâtiment de commerce

22 Pour signaler un malade à bord, j'envoie un message :

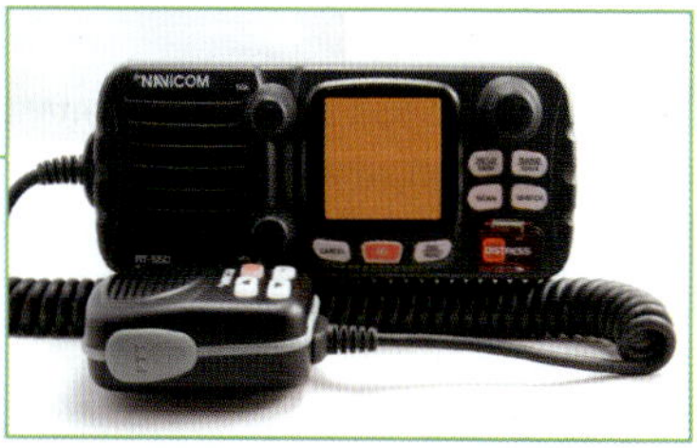

- ❍ **A** de routine
- ❍ **B** de sécurité (SÉCURITÉ)
- ❍ **C** d'urgence (PAN PAN)
- ❍ **D** de détresse (MAYDAY)

23 Je croise ce bateau :

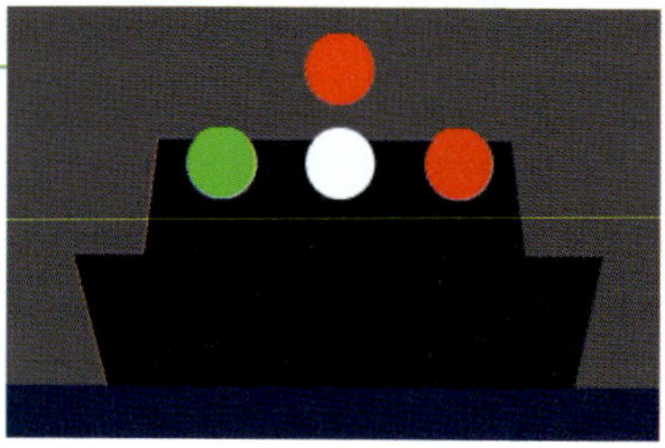

- ❍ **A** il transporte des matières inflammables
- ❍ **B** il transporte des matières explosives
- ❍ **C** il faut que je m'arrête
- ❍ **D** je dois passer au moins à 50 m

24 Un entretien régulier du moteur permet de diminuer la consommation de carburant :

- ❍ **A** Faux
- ❍ **B** Vrai

25 Le mouillage signifie :

- ❍ **A** la profondeur d'eau en un lieu
- ❍ **B** le tirant d'air
- ❍ **C** le tirant d'eau d'un bateau

26 Que signifie cette signalisation sur ce bateau de commerce ?

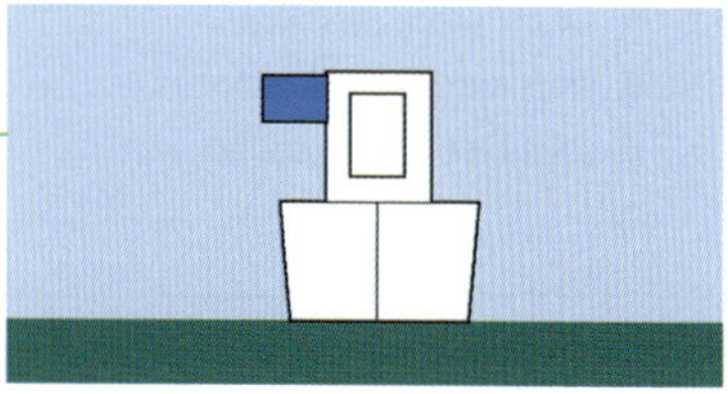

- ❍ **A** Bac propulsé par un moteur
- ❍ **B** Convoi remorqué
- ❍ **C** Demande de croisement tribord sur tribord

27 Pour communiquer avec un autre bateau, je peux utiliser :

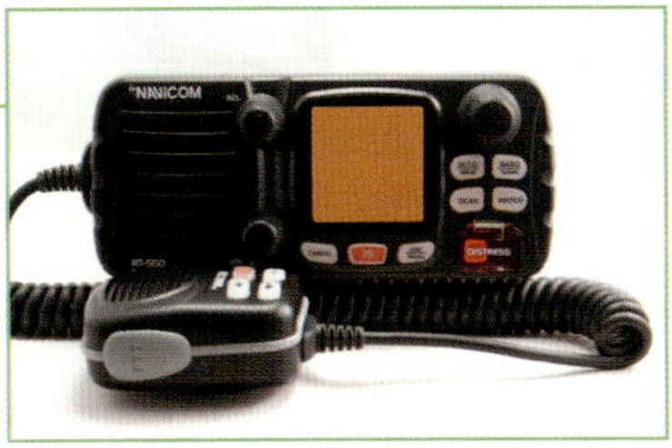

- ❍ **A** les canaux 87 et 88
- ❍ **B** uniquement le canal 70
- ❍ **C** les canaux 6 ou 8
- ❍ **D** les canaux 72 ou 77

28 Quel type de message transmettre quand un bateau et/ou ses occupants sont sous la menace d'un danger grave et imminent ?

- ❍ **A** Détresse (MAYDAY)
- ❍ **B** Urgent (PAN PAN)
- ❍ **C** Sécurité (SÉCURITÉ)

29 En suivant un bâtiment portant cette signalisation, que faites-vous ?

- ❍ **A** Je maintiens une distance de 50 mètres
- ❍ **B** Je maintiens une distance de 10 mètres
- ❍ **C** Je lui porte secours

30 Le réseau « informations nautiques » permet :

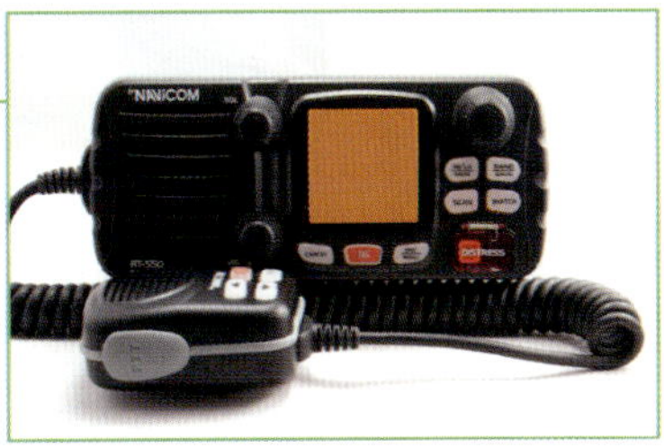

- ❍ **A** de communiquer avec un autre bateau
- ❍ **B** de recevoir des communications privées
- ❍ **C** de connaître l'état des voies navigables

EXAMEN E

1 Comment la position du bateau sera-t-elle définie dans un message de détresse ?

- ❍ **A** Par les coordonnées géographiques
- ❍ **B** Par le point kilométrique (PK)
- ❍ **C** Par le nom de la voie d'eau

2 Pouvez-vous passer sous l'arche de ce pont ?

- ❍ **A** Non
- ❍ **B** Oui, car le trafic est à double sens
- ❍ **C** Oui, car le trafic est à sens unique

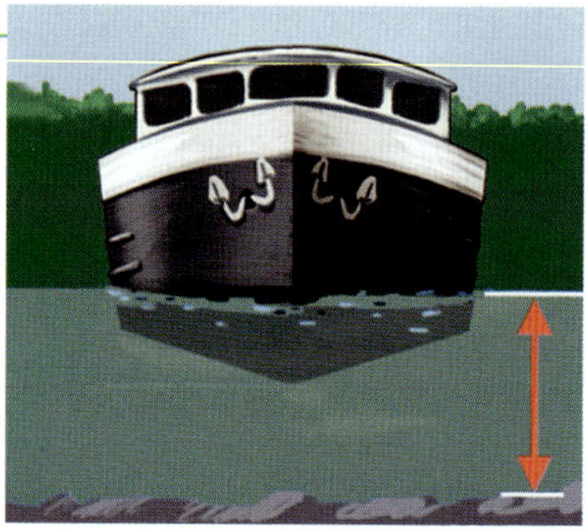

3 Que matérialise cette flèche rouge ?

- ❍ **A** Le tirant d'eau du bateau
- ❍ **B** Le mouillage
- ❍ **C** La hauteur libre sous la coque

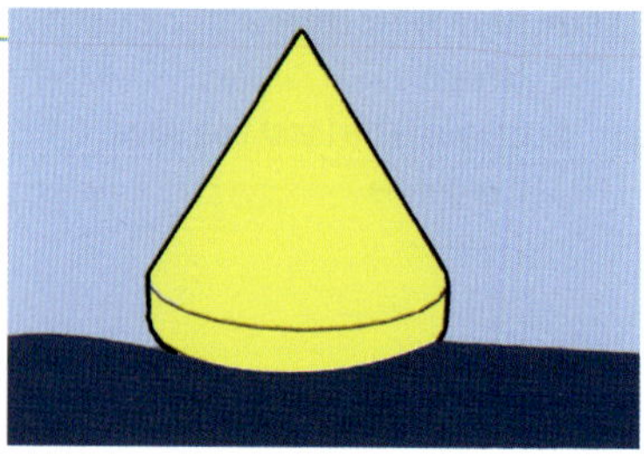

4 Cette marque me signale :

- ❍ **A** la limite d'un chenal traversier
- ❍ **B** une interdiction de passer
- ❍ **C** une ancre dangereuse pour la navigation

5 Ce bateau de plaisance est-il ?

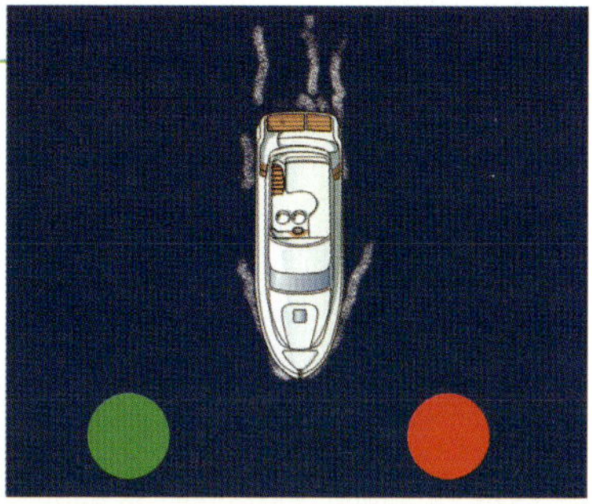

- ❍ **A** Avalant
- ❍ **B** Montant

6 Dans une écluse :

- ❍ **A** on peut attendre sans s'amarrer, hélice embrayée
- ❍ **B** on doit amarrer le bateau
- ❍ **C** on peut attendre sans s'amarrer, hélice débrayée
- ❍ **D** on doit mouiller l'ancre

7 Pour envoyer un message d'urgence, j'utilise le signal :

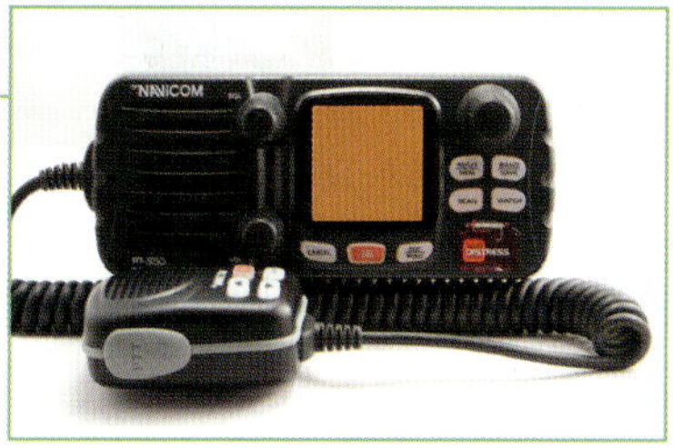

- ❍ **A** MAYDAY
- ❍ **B** URGENCY
- ❍ **C** PAN PAN
- ❍ **D** SÉCURITÉ

8 Ce panneau signifie :

- ❍ **A** interdiction de dépasser la vitesse indiquée
- ❍ **B** le chenal est éloigné de la rive de 50 m
- ❍ **C** à 50 m, interdit d'entrer dans le port
- ❍ **D** à 50 m, la largeur de la passe est limitée

9 Parmi ces informations, lesquelles puis-je trouver sur un avis à la batellerie ?

❍ **A** Les dates des examens du permis plaisance

❍ **B** Une interdiction de navigation pour cause de crue

❍ **C** L'annonce d'une manifestation nautique

FR/2010/004
de Meaux
navigation de la Seine
MEAUX, dimanche 7 février 2

Service de la navigation de la Seine
Subdivision de Meaux
Ouverture du pertuis du barrage d'Isles les Meldeuses

AVIS A LA BATELLERIE
N° FR/2010/00422

De nouvelles conditions de franchissement
. à partir du dimanche 7 février 2010 à 08:00 [tous les usagers]
- Marne entre les PK 113.108 et PK 113.158

En cas de besoin, le (ou les) service(s) à contacter est (sont) le(s) suivant(s) :
Subdivision de Meaux, BP 176, 77108, MEAUX Cedex.
Tél : 01 60 24 76 76. Fax : 01 64 33 57 16.

10 Sur un bateau rattrapant, je peux dépasser à bâbord ou à tribord du rattrapé.

❍ **A** Oui ❍ **B** Non

11 Où peut-on consulter sûrement les avis à la batellerie ?

❍ **A** Aux écluses gardées

❍ **B** Aux approches des ponts

❍ **C** Dans les services de navigation

FR/2010/004
de Meaux
navigation de la Seine
MEAUX, dimanche 7 février 2

Service de la navigation de la Seine
Subdivision de Meaux
Ouverture du pertuis du barrage d'Isles les Meldeuses

AVIS A LA BATELLERIE
N° FR/2010/00422

De nouvelles conditions de franchissement
. à partir du dimanche 7 février 2010 à 08:00 [tous les usagers]
- Marne entre les PK 113.108 et PK 113.158

En cas de besoin, le (ou les) service(s) à contacter est (sont) le(s) suivant(s) :
Subdivision de Meaux, BP 176, 77108, MEAUX Cedex.
Tél : 01 60 24 76 76. Fax : 01 64 33 57 16.

12 Pour une attribution d'aire de stationnement, j'utilise le réseau :

❍ **A** bateau-bateau

❍ **B** informations nautiques

❍ **C** bateau-autorité portuaire

13 Ce panneau signifie :

❍ **A** interdiction de créer des remous

❍ **B** interdiction de croiser et de dépasser

❍ **C** interdiction de virer

❍ **D** profondeur limitée

14 Sur une voie d'eau, la vitesse excessive a-t-elle un effet notable sur la dégradation des berges ?

❍ **A** oui, à cause de la vague créée par la vitesse

❍ **B** non, seulement en cas de crue

15 Dans une écluse, je peux stationner :

- ❍ **A** la nuit
- ❍ **B** seulement le temps du sassement
- ❍ **C** sans limite de durée

16 J'entends un appel de détresse sur le réseau bateau-autorité portuaire :

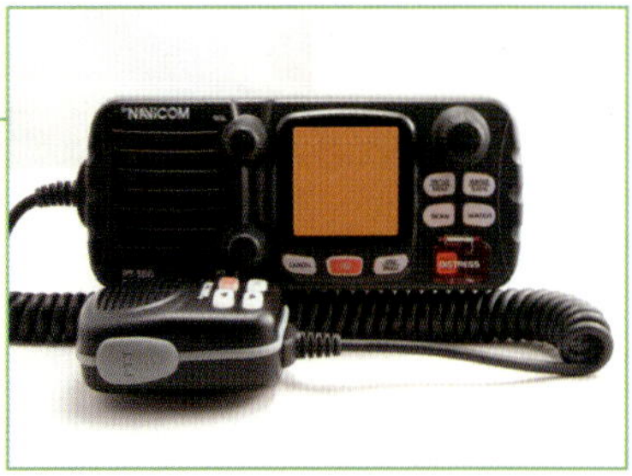

- ❍ **A** je reste à l'écoute
- ❍ **B** j'accuse immédiatement réception de l'appel
- ❍ **C** j'accuse réception si aucune station terrestre n'a accusé réception dans l'intervalle d'une minute

17 Que signifient ces feux ?

- ❍ **A** Bateau au travail
- ❍ **B** Bateau effectuant des transports volumineux
- ❍ **C** Bateau de moins de 110 m de longueur

18 Ce panneau signifie :

- ❍ **A** obligation d'utiliser un signal sonore
- ❍ **B** obligation de vigilance accrue
- ❍ **C** obligation de s'arrêter sous certaines conditions
- ❍ **D** obligation de tenir le chenal à bâbord

19 À l'entrée de l'écluse, le feu vert vient de s'allumer à côté du feu rouge.

- ❍ **A** Vous n'avez pas le droit d'entrer
- ❍ **B** Vous pouvez entrer à faible vitesse

20 **Un bajoyer c'est :**

- ❍ **A** Un mur latéral d'une écluse
- ❍ **B** Un quai de transit
- ❍ **C** Un quai de stationnement

21 **Ces deux feux indiquent :**

- ❍ **A** préparez-vous à vous mettre en marche
- ❍ **B** interdiction de passer
- ❍ **C** interdiction de stationner du côté des feux
- ❍ **D** interdiction de créer des remous

22 **À l'approche d'un port, il faut :**

- ❍ **A** émettre un son prolongé
- ❍ **B** émettre 5 sons brefs
- ❍ **C** éviter de faire des remous

23 **Quelle est la signification de ces 3 feux ?**

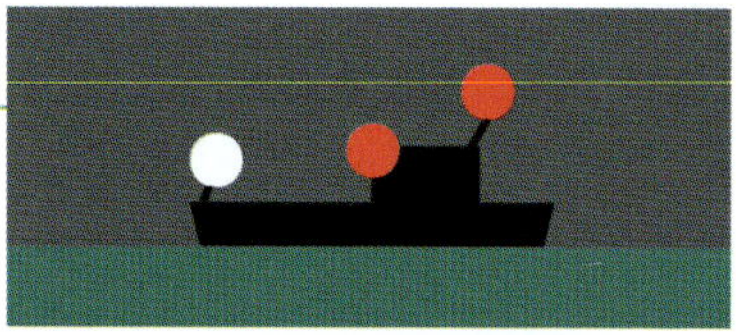

- ❍ **A** Bateau transportant des matières explosives
- ❍ **B** Bateau à passagers

24 **Ces deux feux indiquent :**

- ❍ **A** interdiction d'accès à bord
- ❍ **B** interdit de passer mais préparez-vous à vous mettre en marche
- ❍ **C** obligation de donner un signal sonore

25 **De nuit, en cours de route, vous apercevez 3 feux blancs horizontaux.**

- ❍ **A** Vous croisez un bac
- ❍ **B** Vous croisez un convoi poussé
- ❍ **C** Vous suivez un convoi poussé

26 Que signifie ce panneau ?

- ❍ **A** Obligation d'observer une vigilance particulière
- ❍ **B** Obligation de donner un signal sonore
- ❍ **C** Obligation de s'arrêter sous certaines conditions

27 Que signifient ces deux feux ?

- ❍ **A** Interdiction de stationner à couple
- ❍ **B** Bac stationnant au débarcadère
- ❍ **C** Bateau de servitude

28 Que signifie cette flamme ?

- ❍ **A** Bateau des services d'incendie
- ❍ **B** Bateau prioritaire aux écluses
- ❍ **C** Bateau non maître de sa manœuvre

29 Vous apercevez un bateau sur lequel un membre de l'équipage balance un drapeau rouge en demi-cercle. Qu'indique-t-il ?

- ❍ **A** bateau incapable de manœuvrer
- ❍ **B** interdiction de dépasser
- ❍ **C** bateau transportant des matières dangereuses
- ❍ **D** bateau échoué

30 Pour recevoir des conseils sur l'orientation du trafic, j'utilise le réseau :

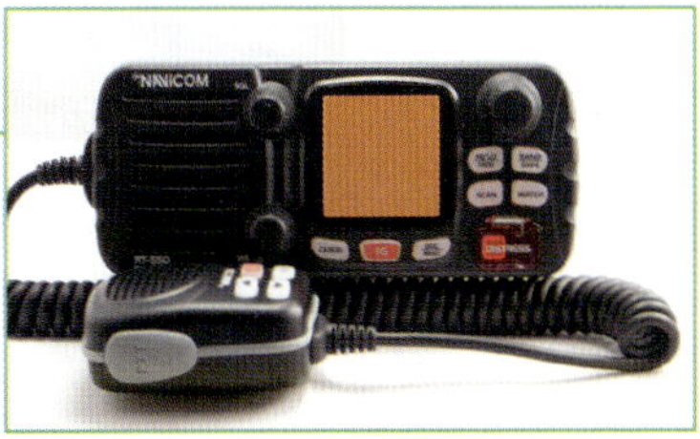

- ❍ **A** bateau-bateau
- ❍ **B** informations nautiques
- ❍ **C** radiocommunications de bord

RÉPONSES AUX EXAMENS

EXAMEN A (P. 67)

1	A
2	B
3	A
4	C
5	A B
6	C
7	C
8	C
9	B
10	B
11	A
12	A
13	B
14	A C
15	B
16	C
17	A
18	B D
19	A
20	A
21	C
22	B
23	C
24	A
25	B
26	A
27	AC
28	A
29	C
30	A

EXAMEN B (P. 73)

1	B
2	A
3	A
4	A
5	B
6	C
7	C
8	B
9	C
10	A
11	B
12	B
13	A
14	C
15	C
16	C
17	B
18	C
19	A
20	D
21	A
22	A
23	A
24	B
25	A
26	A
27	A
28	D
29	B
30	A

EXAMEN C (P. 79)

1	B
2	B
3	C
4	B
5	B
6	D
7	A
8	A
9	A
10	B
11	B
12	A
13	A
14	C
15	B
16	B
17	B
18	A
19	A
20	C
21	A
22	A
23	AB
24	B
25	A
26	B
27	B
28	C
29	D
30	A

EXAMEN D (P. 86)

- 1 B
- 2 A
- 3 A
- 4 C
- 5 D
- 6 C
- 7 A
- 8 A
- 9 C
- 10 B
- 11 A
- 12 C
- 13 B
- 14 C
- 15 C
- 16 B
- 17 A
- 18 A
- 19 B
- 20 B
- 21 B
- 22 C
- 23 B D
- 24 B
- 25 A
- 26 C
- 27 C D
- 28 A
- 29 A
- 30 C

EXAMEN E (P. 92)

- 1 B
- 2 B
- 3 B
- 4 A C
- 5 B
- 6 B
- 7 C
- 8 B
- 9 B C
- 10 A
- 11 A C
- 12 C
- 13 A
- 14 A
- 15 B
- 16 A C
- 17 A
- 18 B
- 19 A
- 20 A
- 21 B
- 22 C
- 23 A
- 24 B
- 25 C
- 26 B
- 27 B
- 28 B
- 29 A
- 30 B

NOTES

NOTES

NOTES

NOTES